Thiago Torre Forte

Relacionamento é um confronto;

prepare-se para ele...

Porto de Idéias Editora

São Paulo, 2012

Relacionamento é um confronto; prepare-se para ele...

Coordenação editorial: Silvana Pereira de Oliveira
Projeto Gráfico e Capa: Ieda Yumi Assano

Dados Internacionais de Catalogação na Publicação (CIP)
(Câmara Brasileira do Livro, SP, Brasil)

Forte, Thiago Torre
Relacionamento é um confronto : prepare-se para ele -- / Thiago Torre Forte. -- São Paulo : Porto de Idéias, 2012.

Bibliografia.
ISBN 978-85-8061-030-7

1. Amor 2. Casais - Relacionamento 3. Disciplina 4. Espiritualidade 5. Família - Relacionamentos 6. Família - Vida religiosa 7. Marido e mulher - Vida religiosa 8. Pais e filhos - Relacionamentos 9. Vida cristã I. Título.

12-09528 CDD-248.844

Índices para catálogo sistemático:
1. Relacionamentos : Guias de vida cristã : Cristianismo 248.844

EDITORA PORTO DE IDÉIAS LTDA.
Rua Perdões, 101 – Aclimação
São Paulo – SP – 01529.030
Fone/Fax (11) 3884-3814
portodeideias@portodeideias.com.br
www.portodeideias.com.br
twitter.com/portodeideias

É na relação com o outro, que eu me construo!

Vygotsky

Através dos outros, nos tornamos nós mesmos.

Vygotsky

Para todos os que não
desistem de se relacionar,
apesar de tudo...

Relacionamento é um confronto;

prepare-se para ele...

Dedico este livro à memória de meu avô Lourival Vieira *dos Santos*, homem íntegro e reto, que me ensinou e conduziu a uma vida cristã. No leito do hospital, consciente da proximidade de sua partida, me brindou com suas últimas palavras: “Meu filho, nunca abandone a Deus e nem sua fé. Deus te abençoe!”.

AGRADECIMENTOS

Fazer o agradecimento de meu primeiro livro é um momento ímpar em minha vida, pois para que ele nascesse eu muito nadei, mas não morri na praia!

Agradeço a Deus pelo dom da escrita. Agradeço a Ele pela vida, pela garra, coragem e ousadia. Pela persistência, pelo amor, pela vontade não só de viver, mas de vencer independente de qualquer circunstância!

Agradeço a meus pais, Antonio Carlos e Silvia Luci, por terem me amado desde antes do meu nascimento. Só posso dizer que sou tremendamente apaixonado por esses pais que Deus me deu!

A toda minha família sem exceções; às minhas avós Neusa e Carmelita, e aos meus padrinhos Carlos Alberto e Tânia Maria, por terem sido bem presentes em minha vida. Às minhas primas, que são como irmãs, Domênica, Camila e Vitória, e às minhas afilhadas Ana Carolina e Miriana.

À Pastora Baby do Brasil por ter sido um canal para que eu chegasse até Deus, e depois disso tornou-se minha mãe espiritual. Aos Pastores Jonas e Nayra por terem acreditado em mim, e o resultado disso é uma longa caminhada juntos. Aos Pastores Júlio e Madelon por todo apoio, disciplina, incentivo e confiança – é um prazer ser secretário desse casal.

Não posso deixar de agradecer às Pastoras Vera Lúcia Jordão, Amanda Murat e Sarah Sheeva por todo o carinho e cuidado para comigo logo no início da minha caminhada cristã! A toda Igreja Apostólica Unidade em Cristo da Ilha do Governador: pastores, amigos e irmãos em Cristo, em especial a todos da UJC pelo trabalho que juntos temos desenvolvido.

Aos intercessores: André Marques, Armando Cruz, Beth Vaz, Bebel Quinlan (Ministério Paixão Fogo e Glória), Carmem Solange, Cristina Vaz, Cleina Sandra, Damiana Oliveira, Elaine Rodrigues, Emanuel Braga (Ministério Mais Compaixão), Fátima Durso, Janaína Barbosa, Joanklis, Maria Cristina Barreto, Marilene Wendhausen, Miriam Cardoso, Nanci D'Assumpção, Quívia Salles, Rogério Pina, Sandra Nascimento Silva, Sandro, Silvana da Rocha Reis e Zilda Oliveira.

Um agradecimento mais que especial para Adriana Ferreira de Assis, Almir Sant'Anna, Amanda Aquino, Anderson Medeiros, André Ferreira, André Felipe, André Marques, Andrea Desiderati, Andréa Florido, Andréa Simões, Bianca Rodrigues, Cristina Lopes, Daniele Botrice, Deise Marques, Eduardo Cardoso, Eduardo Desiderati, Eltz Araújo, Erick Neves Alves, Fabiana (Kati/Rica), Fanny Hoffman, Fátima Coutinho, Fernando Canejo, Flavio Reobote, Gabriel Sanmartin, Gladis Buschell, Gleicia Martins, Graziela Liana, Guilherme Florido, Gustavo Araújo, Itemberg Mendes, Joana D'Arc, Johnny Pires, José Paulo, Kléber Rodrigues (K Coiffeur), Leonam Oliveira, Lúcia Bastos, Marcela Pedrini, Marcelo Ribeiro, Márcia Chagas, Maria Inez, Mariana Garcia, Nerivaldo Lira Alves, Paulo Pinho, Penha Patrícia Florido, Priscila Campos, Rafael Guedes, Rafael SanMartin, Renata Dias, Rodrigo Franco, Ronaldo Lopes, Ruth Fontes, Sandra Veillard, Sergio Jachelli, Sidiclei Gomes, Solange Lima, Solange Rosa, Tânia Larangeira, Thina Barbosa, Tiago Garcez, Tiago Pedrini, Thiago Fillipe Delgado, Victor Ferreira, Wallace Rocha e Wiliam Larangeira.

À Editora Porto de Idéias, mais precisamente a seus editores, que depois de tantos telefonemas, enfim, tudo deu certo!

SUMÁRIO

19 Prefácio

21 Introdução

23 O que é um confronto?

25 Perder para ganhar I

33 Insatisfação gera frustração

35 Perder para ganhar II

39 Ausência de responsabilidade

45 Pedidos manipuladores

47 Deus se relaciona conosco

49 Insensíveis ou hipersensíveis

57 A Dinâmica dos relacionamentos

61 Traição

65 A importância da família
85 LAR – Lealdade, Amor e Respeito
97 Testado para ser aprovado
105 Estúpido Cupido
109 Amigos mais chegados que irmãos
111 Amizade ou liberdade?
115 Prepare-se para ele!
121 Referências

PREFÁCIO

Deus nos fez dentre todos os seres vivos, os mais vulneráveis e dependentes d'Ele e interdependentes uns dos outros. O desejo de Seu coração é ter em nós uma grande e harmoniosa família, transbordante de amor.

Mas, na prática, ainda hoje é espantosa a dificuldade que nós seres humanos temos nos relacionamentos. As famílias se desestruturam, casamentos desmoronados, filhos sofrem a dor do abandono e da rejeição, amizades são desfeitas gerando sequelas. Marcas que deixam o homem carente de paz, amor e valorização, tornando-o um adulto comprometido emocionalmente, isolando-se no seu casulo, preso em sua caverna.

Em seu livro *Relacionamento é um confronto; Prepare-se para ele...*, o autor dá um enfoque todo especial à questão relacionamentos, de uma forma clara e ao mesmo tempo abrangente e corajosa, nos mostrando a luz no fundo do túnel para a cura.

Tenho o privilégio de conviver e acompanhar o Thiago durante muito tempo na sua caminhada como cristão, e afirmo que o seu crescimento como pessoa veio através de muitos confrontos. Digo com firmeza e certeza de que enquanto o Thiago escrevia, Deus se revelou a ele, assim como da mesma forma irá se revelar a você. Oro para que esta leitura traga bênçãos, ajudando a transformar o seu dia a dia, levando a caminhos em direção a relacionamentos saudáveis.

Pra. Vera Lúcia Jordão

INTRODUÇÃO

Andarão dois juntos, se não houver entre eles (um comum) acordo?

Amós 3:3

Não existe um manual que vá nos mostrar passo a passo como devemos nos relacionar com outra pessoa. Assim como Vygotsky, creio que é na relação com o outro que vou me construindo, uma vez que cada pessoa, sendo única nesse mundo, possui uma história, uma vivência e uma bagagem. Sendo assim, ao interagirmos com o outro, vamos adquirindo novas experiências e vivências que serão de suma importância para nosso crescimento como indivíduos. Uma vez que ao nos colocarmos no lugar do outro, fica mais fácil compreender por que o mesmo age ou reage de determinada maneira. Quando trabalhamos a subjetividade humana, vamos pegando do outro aquilo que ele tem de melhor e acrescentamos ao que já somos como indivíduos. O que não edifica, não vamos considerar, e continuamos a nos relacionar com essa pessoa de uma maneira significativa. Quando alguém chega a esse nível, podemos dizer que essa pessoa está no degrau da maturidade, e sua tendência é cada vez mais se relacionar com um mix de pessoas. Pois, será que vale a pena descartar pessoas por suas falhas? Eu creio que não! Sendo assim, relacionamento é a melhor opção!

A vida não é complicada, as pessoas é que a complicam quando decidem não mais discutir a relação, não mais dialogar. Muitas situações podem ser solucionadas de uma maneira simples e objetiva, mas, em determinados momentos, o que acontece é que basta uma gota d'água para pôr tudo a perder! Será que dentro de um relacionamento nada mais tem jeito? Será que existe então a pílula da felicidade que vai solucionar todas as nossas questões relacionais? Certamente que não! Não existe uma fórmula que vá sanar um problema que venha a surgir em um relacionamento, como que em uma mágica. Nem tão pouco diante de um problema, devemos achar que é o fim. Relacionar-se hoje em dia se tornou algo difícil por um simples motivo: ninguém está disposto a perder para ganhar, mesmo que seja para perder agora e ganhar futuramente; ninguém está disposto a encarar um confronto e resolver seus problemas em um relacionamento. O resultado disso são tantos divórcios e inimizades por aí. Mas será que é saudável viver assim? Casais se separando e amigos se tornando inimigos? Pessoas que chegam às igrejas e logo vão embora porque não suportam ver a falha e o defeito do outro; uma vez que todos nós somos dotados de erros e acertos! A verdade é que em um relacionamento existirão confrontos e você deve estar preparado não só para encará-los, mas também resolvê-los! É certo que não existe a possibilidade de andar lado a lado com uma pessoa com a qual não se chega a um acordo, pois isso dificultará a relação. Mas não descarte as pessoas por elas serem diferentes de você, pois essa é a diversidade que nos faz crescer e amadurecer. Lembre-se que relacionamento é um confronto; então se prepare para ele!

Boa Leitura.
Thiago Torre Forte

O QUE É UM CONFRONTO?

Confronto é o ato ou efeito de confrontar, ou seja, pôr frente a frente. No Português claro é trazer determinada situação para o momento, a fim de resolvê-la. A Bíblia diz que onde há luz, as trevas não podem prevalecer. Eu aprendi com um grande amigo — Marcos Messias — que quando acontece um mal-entendido, devemos parar respirar (contando até 30) e trazer tudo para a luz colocando os pingos nos is. Não com escândalos ou gritarias, mas com toda calma, expor tal situação a fim de resolvê-la para que tudo volte ao normal. Não como se nada tivesse acontecido, mas para que o mal-entendido seja resolvido e todos possam viver em paz, livres para relacionarem-se novamente, e isso implica em ter maturidade. Às vezes acontece assim: Fulano lhe diz que Beltrano falou determinada coisa que você sabe que não falou. Então o que é correto se fazer? Chamam-se todos os envolvidos e resolve-se a situação, e isso é um confronto. A família é um grupo de pessoas com temperamentos diferentes umas das outras. Todos moram juntos no mesmo quadrado e é ali que começa o grande confronto; é na família que começam os desentendimentos e logo surgem os problemas, problemas esses que têm sim uma solução. Há, sim, solução para todos os tipos de problemas, principalmente os de origem familiar. Fique atento dentro de sua casa, aprenda a se relacionar ali, pois sua família irá lhe treinar para a vida; sua família irá colocar os anticorpos em você, e se você aceitar esses anticorpos, e os confrontos que surgirem dentro de sua casa, estará, então, preparado para encarar as pessoas de fora, que também são difíceis. Quero lhe dizer que se você souber administrar e resolver problemas e conflitos familiares – e eles virão – isso será apenas um teste e certamente você saberá se relacionar, independente dos conflitos, com outras pessoas no mundo afora, caso contrário, se não souber viver e se relacionar com os de casa, como saberá agir com os de fora? Fique atento a isso!

Falaremos mais adiante sobre a família e seus problemas. Mas quero lhe dizer que é na família que você vai ser curado e treinado para a vida. Aqueles que não gostam de ser confrontados, procuram por pessoas aparentemente mais desestruturadas que eles, para aliviarem a sua consciência. Certamente, o confronto é inevitável, então... Prepare-se para ele!

PERDER PARA GANHAR I

> E quem remendaria uma roupa velha com fazenda nova? Porque o remendo rasgaria a roupa e faria um buraco ainda pior. E quem usaria odres velhos para guardar vinho novo? Pois os odres velhos arrebentariam com a pressão, o vinho se derramaria e os odres se estragariam. Para guardar vinho só se usam odres novos. Desta maneira, ambos são conservados juntos.
>
> Mateus 9:16-17 (Versão VIVA)

A verdade é que ninguém quer perder para ganhar, mas na maioria das vezes temos que ceder para chegar onde precisamos. Ambas as partes envolvidas em um relacionamento ou situação, seja ela qual for, têm medo do novo. Tudo o que é novo assusta e causa medo. Afinal de contas, quem está preparado para lidar com o desconhecido? Ninguém! E é por isso que as pessoas ficam acomodadas, acostumadas ao velho, pois é muito mais fácil ficar sentadinho na zona de conforto, esperando que tudo aconteça. Tudo pode acontecer, mas pode também não acontecer ou, ainda que aconteça, pode tomar proporções não desejadas e com resultados nada bons. Quantas coisas podem ser evitadas e nós não nos atentamos para isso!

Pode-se colocar um remendo velho numa roupa nova?! Eu já trabalhei com costura e sei que nenhuma costureira gosta de consertar uma costura malfeita, pois se torna uma coisa muito trabalhosa e, dependendo do modelo, bem chato de fazer, às vezes, quase que impossível. Exige muita paciência e dedicação. Tem que ser uma boa costureira e bem profissional para fazer tal serviço sem que fique à vista dos observadores de plantão. Temos que entender o que Jesus quis dizer com essa passagem, pois para recebermos o novo que Deus quer nos entregar, em qualquer área de nossa vida, temos que sair do velho e isso é bem simples, basta somente uma iniciativa nossa. Imagine você ir para uma festa chique com uma roupa novíssima e um sapato super fora de moda e ainda por cima velho. Com certeza ficará horrível!

Jesus estava em uma festa de casamento, e o vinho acabou. Ele transformou a água das talhas em vinho, esse foi o primeiro milagre, e todos gostaram do vinho, a ponto de dizerem que se tinha deixado o melhor vinho para o final da festa (João 2). Eram seis talhas de água, Deus criou o homem no sexto dia, portanto o número 6 significa o homem. Deus quer falar algo com você, a respeito da transformação da água para o vinho. A água é a palavra de Deus, e a palavra de Deus é Jesus Cristo, o verbo vivo que se transformou em carne e habitou entre nós como homem, mas Ele era Deus (João 1) e se relacionou com todos os tipos de pessoas. Certa vez, Jesus foi criticado por sentar-se junto a publicanos e pecadores (Mateus 11), mas tenha certeza de que Jesus não se importou, pois Ele aceitava as pessoas como elas eram, e a mudança acontecia nessas mesmas pessoas como consequência de um relacionamento sem reservas, ou seja, sem preconceito. Dizem que pau que nasce torto, nunca se endireita, mas eu não creio na essência desse ditado.

Todos aqueles que se aproximaram de Jesus e aceitaram o confronto, tiveram sua vida mudada, transformada. Podemos dizer então que muitos paus foram endireitados pelo simples fato de se aproximarem de Jesus, O Cristo da palavra e do milagre. Assim como o último vinho foi considerado o melhor vinho, Jesus hoje quer que seu último estado seja melhor que o primeiro. Basta você se aproximar Dele, aceitar o confronto e se dispor a mudar. Assim as outras pessoas notarão sua mudança e mudarão também. Muitas vezes, para que o outro mude, temos que mudar em primeiro lugar. Falaremos sobre isso nas próximas páginas.

Agora eu vou falar do sobrenatural. Deus é Poderoso para fazer muito mais do que pedimos ou pensamos (Efésios 3), e nesse momento Ele pode e quer fazer um milagre na sua vida. O milagre não tem lógica, pois se tivesse não seria um milagre. Deus ama o impossível, pois é em nossa impossibilidade que Ele opera e realiza o milagre para o nosso bem-estar. Não sei o que você está passando nesse momento, mas Deus pode mover toda a velhice que se instalou em sua vida e trazer novos relacionamentos. Deus quer restaurar o casamento que está falido, a amizade desgastada, o noivado amargurado. Deus quer entregar em suas mãos *novos sonhos, novas conquistas, novas realizações: Prepare-se, pois o novo de Deus chegou*[1]! Agarre-se ao novo, comece a viver o novo, não fique assustado, nem acomodado, desacostume-se com a vida que está levando e levante-se rumo ao novo que Deus está trazendo para você. Segure essa onda e dê-se ao luxo de ser feliz com o novo na sua vida! Se você está em um momento de crise relacional, creia que não é o fim; tão somente creia que Deus é Poderoso para fazer um milagre na sua vida, na sua casa, em seus relacionamentos. De repente, um milagre pode e vai acontecer, basta somente você crer para que Deus comece a agir em seu favor. Creia e receba, pois é diante do caos que Deus opera o milagre de maneira sobrenatural!

Deus é galardoador daqueles que O buscam, e Ele ama nos abençoar. Deus ama nos presentear, mas Ele não vai nos abençoar com toda sorte de bênçãos se ainda não estamos prontos para receber e administrar o que Ele quer nos entregar. Assim como os odres velhos se arrebentam com a pressão do vinho novo, você irá fazer com que o novo de Deus em sua vida vá embora, se não estiver preparado para recebê-lo, se não estiver com uma mente nova (Romanos 12) para entender o propósito de Deus para com tal bênção que Ele quer lhe entregar. Saia do velho, tome uma atitude nova para receber o novo. O novo de Deus para você não

1. BASTOS, Marcello. O *Novo de Deus*. Ministério Sarando a Terra Ferida. RJ: MK Music Edições, 2007.

é pequeno, é algo grandioso que está chegando a todo vapor, com muita pressão, pressão essa que vai trazer um impacto em sua vida, a fim de que você entre no processo de mudança que pode ser a curto, médio e longo prazo, depende de você! Prepare-se, pois uma mudança significativa vai acontecer, "para que todos vejam e saibam, considerem e juntamente entendam que a mão do Senhor fez isso" [o milagre, a mudança, a transformação, o que vai acontecer na sua vida] (Isaías 41:20). Levante-se e prepare-se, pois o novo de Deus para a sua vida está a caminho!

Uma criança mimada chora e implora aos pais porque quer um determinado brinquedo. Na verdade ela está testando-os. Se ela encontra facilidade em recebê-lo, logo não dará valor e o brinquedo não mais lhe trará satisfação. Em um momento diferente, a criança deixa de lado esse brinquedo e começa uma nova *manha* por outro brinquedo, dando início à insatisfação. Muitas vezes agimos assim para com Deus e para com as pessoas; acabamos agindo como crianças mimadas e insatisfeitas. A verdade é que por conta de uma insegurança, fraqueza ou até mesmo um sentimento de poder, muitas pessoas gostam de manipular as outras. Particularmente não consigo entender como conseguem ter prazer nisso! Umas se deixam manipular e outras não. As que se deixam, viram escravas, porém as que não se deixam, logo tomam uma atitude e confrontam aquele que é o manipulador. Esta pessoa, por sua vez, não aceita o confronto e a pressão, e descarta o amigo que não foi manipulado, pois já que ele não fez a sua vontade, então é hora de jogá-lo fora! O que se torna escravo trabalhará sobre a manipulação, sobre o domínio do outro para sempre. E sem ganhar nada com isso! Quantas pessoas entram em relacionamentos e quando percebem que não conseguem o que querem, simplesmente descartam o outro. Relacionar-se, hoje em dia, não é fácil, é um processo, uma vez que as pessoas estão cada vez mais problemáticas. Uma pessoa que foi ferida em um determinado relacionamento, quem sabe amoroso, se isola em seu mundo, a ponto de não querer se relacionar nunca mais. E quando ela encontra alguém que a ame de uma maneira verdadeira, e é capaz de se casar com ela e fazê-la feliz, essa pessoa até se casa, mas chega nesse novo casamento cheia de reservas, o que pode complicá-la nesse novo relacionamento. Esse tipo de comportamento é exercido não só por mulheres, mas por homens também. Se você partir para um relacionamento achando que vai ser igual ao relacionamento anterior, não há necessidade de se armar, pois as pessoas são diferentes umas das outras! Podemos ver que algumas pessoas que agem assim, logo mostram uma baixa autoestima. Quando isso acontece, o casamento se torna um caos, daí podemos ver tantas pessoas que com menos de um ano de casadas já estão separadas, ou então vivem um casamento de aparência por anos a fio, vivendo de uma maneira medíocre e infeliz. Essas reservas não se apresentam apenas em um casamento, mas também em uma amizade, noivado e até em um relacionamento com Deus.

Um dos nomes redentivos de Deus é Aba Pai, pois Deus é o nosso Aba! Ele se apresenta para nós como o Aba Pai, o nosso Pai. O Rei Davi fez a seguinte declaração para Deus: "Tu és meu pai, meu Deus, e a rocha da minha salvação" (Salmo 89:26). Quantas pessoas podem declarar uma frase como essa? Não muitas, mas por quê? Já ouvi casos de pessoas que quando não foram amadas por seus pais naturais, encontraram muita dificuldade para se relacionar com Deus, a ponto de não conseguir chamá-lo de Pai, assim como fez o Rei Davi.

A culpa já não é mais culpa, mas sim a responsabilidade que cabe a mim e a você, e falo a você que é pai, que existe uma responsabilidade em seus ombros, e em suas mãos para com sua família. Você pode ser um bom pai, mas ensine aos seus filhos que pai também erra. O filho espera que não, mas é no relacionamento que as diferenças vão sendo colocadas e trabalhadas a partir desse relacionamento entre pai e filho. Para que seus filhos não venham a ter traumas e sequelas por conta de um mau relacionamento com você, relacione-se sempre baseado na transparência. Não quero isentar a mãe de tal responsabilidade, mas colocar o pai no divã, porque a figura de pai é algo muito forte, já que a Bíblia nos diz que o homem é a cabeça da casa. Mas a verdade é que *ninguém pode dar o que não tem.*

Se você cresceu em um lar onde encontrou amor, carinho e aceitação, e outros sentimentos positivos, certamente irá reproduzir tais sentimentos aos seus filhos, mas se não recebeu, vai repassar o quê? Dor, mágoa, revolta, insensibilidade, medo, culpa, gritos, crítica etc. Não permita que os traumas de sua infância tenham um efeito multiplicador na sua vida como adulto. Se você ainda não é pai, permita envolver-se, relacionar-se com esse Deus que o chama de filho. Se você já é pai, faça isso e algo a mais: faça com seus filhos tudo o que seu pai não fez com você, mas que você adoraria que ele tivesse feito e ainda assim: existe um limite. Relacione-se com seus filhos de uma maneira positiva; permita se relacionar com eles. Essa é uma oportunidade única em sua vida, por isso não a deixe ir embora!

Pode ser que você queira até desistir de se relacionar dessa maneira com seus filhos, mas não desista. Tal atitude é cura para sua alma, aceite esse desafio e mostre para você mesmo, e para os outros também, que você é um homem comum, com muitos sentimentos, e ainda que esses sentimentos estejam doentes, esse é o momento deles ficarem sarados, e certamente nascerá um novo homem, um novo pai! Se optar por tal atitude, dará liberdade para Deus entrar na sua vida e curar traumas e sequelas que estão recalcados em seu interior. Se permitir que Deus Pai e o Espírito Santo entrem no circuito e ministrem em seu interior, estará aceitando o confronto, o trabalho, a mudança, e como consequência a cura vai chegar e você estará disposto para se relacionar com Deus, com você mesmo e com os outros que fazem parte da sua vida, ou seja, a sua família! Eles o amam, e são importantes para você, e você também é importante para eles. Permita-se passar por esse tratamento VIP. Você é especial, e Deus quer apenas lhe fazer uns retoques, a fim de que fique da maneira como Ele quer, para que Ele mesmo possa se relacionar com você, e você com os outros. Destaquei o pai, mas esse exemplo também serve para você que é mãe. Seguem alguns versículos para que você possa refletir, e que o Espírito Santo encontre livre acesso para entrar e fazer a lapidação necessária em seu coração.

Acaso pode uma mulher esquecer-se do filho que ainda mama, de sorte. Que não se compadeça do filho do seu ventre? Mas ainda que esta viesse a se esquecer dele, eu (Aba), todavia, não me esquecerei de ti. Isaías 49:15

[...] serei vosso Pai, e vós sereis para mim filhos e filhas, diz o Senhor Todo Poderoso. II Coríntios 6:18

Toda via, eu (Aba) te ensinei a andar [...] tomei-te nos meus braços, mas você não atinava que Eu estava te curando, te atrai com cordas humanas e com laços de amor, [...] aliviei o jugo [...] me inclinei para te dar de comer. Oseias 11:2-4

Porque não recebestes o espírito de escravidão para viverdes outra vez atemorizados, mas recebestes o espírito de adoção, baseados no qual clamamos: Aba Pai. Romanos 8:15

Você não nasceu para sofrer, mas se sofreu, e hoje ainda sofre, acabou esse momento de dor e sofrimento, e se você foi abandonado por seus pais, Deus o adotou e lhe atraiu para Ele com cordas de amor. Deus é seu Pai e sua Mãe, só cabe a você tomar posse dessa condição de Paternidade. Saia do velho e venha para o novo de Deus na sua vida.

Eu sou adotado, e quando descobri isso foi algo terrível para mim. Já não me relacionava bem com meu pai, depois que soube a questão da adoção, ficou um pouco pior a nossa relação. Quando comecei a fazer terapia e permiti que o Espírito Santo ministrasse em meu interior, na verdade pude entender o quanto era amado por Deus, por meus pais adotivos e também por toda a minha família. Que amor é esse de Deus e de pais adotivos? É um amor que não se inventa, nem tão pouco se explica; apenas nasce do coração. Deus nos ama ainda sendo pecadores[2] (problemáticos), e os pais adotivos amam os novos filhos a ponto de os fazerem parte de sua família, com nome, sobrenome e direito à herança. Explica-me, que amor é esse? Quando entendi que o fato de não ter nascido da barriga, mas sim do coração, e que isso era o suficiente para meus pais me amarem sinceramente, tudo mudou! Hoje posso dizer a você que o relacionamento com meus pais – principalmente com meu pai – foi restaurado. Deus deu uma nova forma em nossa intimidade. Deus fez com que pudéssemos nos relacionar de uma maneira extraordinária como família, sabe como? Sem reservas! Mas existe um detalhe muito importante, Deus foi capaz de fazer isso simplesmente porque eu lhe permiti fazer, e essa era a responsabilidade que cabia a mim, e correspondi quando aceitei o tratamento e o confronto. Agora é o momento de você descansar no colo do seu Paizão e declarar como fez o Rei Davi: "Tu és meu pai, meu Deus, e a rocha da minha salvação". Fique firme nessa rocha, que é Jesus, e Jesus é a palavra de Deus, que passa a ser a sua certidão de nascimento.

2. "Porque Deus amou o mundo [eu e você] de tal maneira [de uma maneira grande, extraordinária] que deu o seu filho único [Jesus Cristo], para que todo o que nEle crê não pereça, mas tenha a vida eterna." João 3:16

INSATISFAÇÃO GERA FRUSTRAÇÃO

Quando não estamos preparados para receber o novo, seja ele qual for, não o valorizamos, e ficamos totalmente insatisfeitos.

A insatisfação é um sentimento que vem como uma bomba atômica em nosso interior. Ela não pede para entrar, mas entra fazendo um grande estrago em nossas emoções. Ficamos críticos, ansiosos, deprimidos e acabamos desistindo de sonhos e projetos, isso tudo porque nós mesmos permitimos à insatisfação entrar. Com ela chega frustração e a vontade de ficar sempre para "baixo". Ficamos assim até que tudo mude, alguma coisa aconteça e o nosso humor sofra uma metamorfose. Esses sentimentos ficam em nosso interior como um vírus, por um tempo indeterminado, e nós parecemos uma montanha russa, ora estamos lá em cima, ora estamos cá embaixo, ora estamos no monte, ora estamos nos mais profundos vales. É preciso coragem, ousadia, determinação e força de vontade para não aceitarmos esses sentimentos em nós.

A insatisfação traz ansiedade, porém o diferencial é fazer um movimento de busca, sair da zona de conforto. Geralmente, as pessoas que estão insatisfeitas com uma determinada situação e que insistem em permanecer assim, é porque de certa forma estão tirando alguma vantagem dessa situação. Vamos chamar essa vantagem então de ganho secundário, por exemplo, eu fico dessa maneira porque assim eu ganho isso ou aquilo. A maneira eficaz de sanar isso é buscar saber, então, se essa vantagem realmente vale a pena, se é realmente uma recompensa, pois permanecer nela por muito tempo pode levar o indivíduo – e esse pode ser você – a outros tipos de emoções ou mesmo atuar em seu físico como uma doença psicossomática. Exemplos: dor de cabeça constante, irritação etc.

Levante-se, sacuda a poeira e dê a volta por cima! Lance fora a insatisfação, assim como a frustração, e viva. Permita-se viver da melhor maneira possível. Seja mais paciente com as coisas e pessoas e com você mesmo. Não permita que a insatisfação e nem tão pouco a frustração roubem-lhe a paz.

PERDER PARA GANHAR II

Perder para ganhar, morrer para nascer e viver! Falando sobre relacionamentos, quero dizer que nem toda perda é uma perda, muitas vezes uma perda pode ser um ganho. Talvez Deus faça com que certas pessoas se afastem de nós, pode ser por uma mudança de estado, trabalho ou casa. Talvez você mesmo tenha que abrir mão de determinada amizade para que algo venha a acontecer. Existe um ditado que diz: *Se melhorar, estraga*! E eu quero dizer que quando tratamos de relacionamentos, temos que cultivá-los... Temos que investir muito bem nos relacionamentos! Temos que investir, pois, para melhorar a situação, tem que se dar um toque especial, visto que nos relacionamos com pessoas que são especiais para nós. Caso contrário, nem estaríamos na companhia das mesmas que fazem parte do nosso ciclo de amizade. No contexto do ditado, é certo que temos que ter uma dose de equilíbrio, para que não se torne uma relação chata e o outro se enjoe e caia fora. Mas há situações em que você terá que se despedir de uma amizade, compromisso ou casamento; há situações em que é necessário, sim, um divórcio.

Eu tive um amigo que também é cristão, mas ele tinha uma visão um pouco diferente da minha em relação a algumas coisas, opiniões diferentes quero dizer. Ele era meu amigo, e quando nos encontrávamos, conversávamos sobre vários assuntos, ríamos, nos divertíamos, porém quando entrávamos em determinados temas, meu Deus, era um verdadeiro debate que não tinha fim, e nossa conversa acabava se tornando uma contenda! Com o tempo nossa amizade começou a se desgastar, até que ele mesmo disse que era melhor não nos encontrarmos mais. Afinal de contas, todas as vezes que nos encontrávamos, acabávamos brigando. Foi difícil para mim tal rompimento, afinal de contas ele era meu amigo e eu gostava, e gosto, muito dele – mas foi necessário esse rompimento.

Será que valia a pena entrar numa discussão sem fim e sem propósito toda vez que nos encontrávamos? Não! Assim teve que ser, e o rompimento, o divórcio dessa amizade, teve que acontecer, e aconteceu! Quando nos encontramos, nos cumprimentamos, mas realmente teve que acontecer o rompimento dessa amizade.

Em outra ocasião tive de romper com uma amizade de anos. Não vou fugir da responsabilidade que cabe a mim, pois errei diante de uma determinada situação, e hoje vejo que foi Deus quem permitiu esse rompimento. Havia sido criada uma dependência emocional minha para com ela. Ela estava em uma determinada questão há anos, e como cristão não correspondi ao que Deus me direcionou a fazer. Reconheço que eu mesmo pouco falava de Deus para essa amiga em relação ao seu erro e, ao invés de ser influenciador, eu era o influenciado. Na verdade era cúmplice dela em relação àquela questão, pois a conhecia, mas não falava nada sobre. E assim me tornava seu bom e fiel cúmplice.

Até que aconteceu uma situação e amizade foi rompida. Mais uma vez tive que assinar o divórcio da amizade.

Doeu muito, mas teve que ser assim! Eu amo essa pessoa, e durante muito tempo desejei e pedi a Deus uma oportunidade de encontrá-la para então resolver o mal-entendido ocorrido.

Eu havia escrito outra situação, mas antes que esse livro fosse impresso, depois de um pouco mais de três anos e meio, a encontrei na biblioteca da faculdade. Tomei coragem, cheguei perto de sua mesa e pedi para sentar. Sentei e pedi perdão pelo meu erro. A verdade é que é fácil culpar e transferir a responsabilidade que cabe a mim para o outro. Toda escolha requer uma responsabilidade e eu assumi a minha, quando independente do que ela fez comigo, apenas assumi, fazendo a minha parte. Depois desse dia, só nos encontramos uma vez, quando fui tratado por ela de maneira educada. Por ser uma pessoa que não guarda mágoas em seu coração, creio que podemos voltar a ser amigos, sim, mas isso só o tempo dirá! *Errar é humano, insistir no erro é burrice*, assim dizem alguns. Prefiro dizer que permanecer no erro não é uma atitude inteligente!

Quando nos deparamos com situações como essa, que na maioria das vezes nos pegam de surpresa, ficamos impactados e sem saber o que fazer. E quando isso acontecer, o que devemos fazer? Aceitar o confronto e mudar! Toda ação requer uma reação. Quantas coisas podem ser evitadas se antes analisarmos o que pode vir a acontecer! Tudo tem o seu preço, nada é de graça. Se você errou, não fuja, assuma seu erro, aceite o confronto e mude. Em primeiro lugar mude, e veja as coisas acontecerem!

AUSÊNCIA DE RESPONSABILIDADE

Toda ação gera uma reação. Ação e reação acontecem como num efeito boomerang. Toda obediência tem uma consequência, e a falta dela não é diferente. Em Gênesis (do Hebraico *Bereshit* = início/começo), Deus criou a Terra e tudo o que nela há; no sexto dia Deus criou o homem, "à sua imagem e semelhança" (Gênesis 1:26); e deu-lhe a Terra para que pudesse administrá-la.

Deus viu que o homem estaria só, e decidiu então lhe dar uma companheira (Gênesis 2). Assim, Deus fez e deixou uma ordem aos dois, e disse-lhes que "poderiam comer de todos os frutos que existiam nas árvores do jardim do Éden, menos do fruto do conhecimento do bem e do mal" (Gênesis 2:16-17). Uma ordem foi dada, e eles tinham que obedecer àquilo que o Criador havia falado. Porém, desobedeceram, e esse ato de desobediência gerou uma consequência drástica, que reflete em nós até os dias de hoje.

Meu legado é: *a culpa já não é mais culpa, mas a responsabilidade que cabe a mim e a você*. A palavra culpa gera um peso difícil de suportar. A pessoa que recebe a frase "A *culpa é sua!*", não a digere bem, com isso fica mais difícil aceitar e encará-la. Diante de um fato ruim, creio que é mais fácil resolver tal situação, trazendo a pessoa para a responsabilidade que cabe a ela. Um exemplo: "*Fulano, isso aconteceu, por responsabilidade sua!*" Na verdade, ninguém gosta de ser confrontado (*ainda que o confronto seja necessário*), muito menos culpado. Um bom e aberto diálogo resolve qualquer questão em jogo.

O propósito de Deus sempre foi investir no relacionamento, e todos os dias, na viração do dia (*entre cinco e seis horas da tarde*), Ele descia para dialogar com Adão. Adão era um privilegiado, pois todos os dias se sentava no divã de Deus; todos os dias ele ficava face a face com o seu Criador. Mas Adão e Eva desobedeceram à ordem que haviam recebido ao provarem o fruto da árvore que Deus havia ordenado que não comessem. Quando Deus os chamou, eles se esconderam, mas por quê? Porque a culpa já estava no interior deles. Deus os chamou para apenas conversar, como já era de costume. Porém o peso da culpa estava sobre eles, e ambos se esconderam com medo, com vergonha de encarar o confronto (Gênesis 3).

Deus perguntou para Adão por que ele se escondia, e a resposta foi: "Então disse o homem: *A mulher que me deste por esposa, ela me deu da árvore, e eu comi*. Disse o Senhor Deus à mulher: Que é isso que fizeste? Respondeu a mulher: *A serpente me enganou, e eu comi*". Deus viu que eles se esconderam, e perguntou-lhes por que eles tinham se escondido. Na verdade, Deus já sabia mas queria testá-los e eles não passaram no teste, pois já estavam enraizados com o peso da culpa. Talvez, se eles tivessem se arrependido, tudo hoje pudesse ser diferente, mas eles não mostraram arrependimento, muito pelo contrário, mostraram-se confusos e imaturos, um acusou o outro, ninguém tomou partido, ninguém assumiu a responsabilidade por seu ato. Pareciam crianças desorientadas. Não posso afirmar com absoluta certeza, mas entendo que ali, quando lhes pergunta o que é que tinha acontecido, Deus esperava uma resposta mais concreta, uma resposta de arrependimento, e não foi isso o que aconteceu. Hoje podemos ver claramente muitos casais repetindo a atitude de

Adão e Eva, erram e não reconhecem o seu erro, e transferem toda a sua responsabilidade para o cônjuge, e assim fica difícil resolver qualquer questão.

Toda vez que eu errava, meu pai me perguntava o porquê do erro, pois ele queria e se sentia no direito de uma explicação. Se eu tirasse uma nota baixa em testes ou provas, tinha que dar uma explicação de o porquê da nota baixa, já que tinha passado horas e horas estudando para tal. Muitas vezes eu me explicava, mas tais explicações eram em vão, pois ele não via razão para tal nota baixa, porque que eu havia gasto horas e horas estudando. Quando minha mãe me buscava na escola e a professora fazia reclamações, eu simplesmente apanhava. Era horrível saber que eu apanharia quando chegasse a minha casa, mas minha mãe não aceitava meus argumentos, a palavra da professora era lei, e eu simplesmente apanhava.

Já trabalhei para uma advogada que dizia não aceitar justificativas das pessoas, e seu argumento para não aceitá-las era que diante de um processo judicial, ela tinha que fazer o impossível para ganhar a causa, pois de maneira alguma podia dar justificativas para seu cliente, caso não a ganhasse. Por isso, quando ela fazia um pedido no escritório, ele tinha que ser atendido, pois ela não aceitava justificativa. Eu, como office boy do escritório, tinha que me virar quando ela queria determinada coisa, de determinado jeito, de determinado tamanho, em determinada cor... Ufa! Se eu fosse a uma loja e não achasse o objeto desejado por ela, tinha que percorrer mil lojas se fosse necessário; jamais poderia chegar lá, com uma justificativa de que não achei tal objeto. Era horrível, pois eu andava pelas ruas sempre com pressa, correndo, num desespero total, pois não podia chegar ao escritório apenas com justificativas. Por um lado é bom, pois aquele que se justifica, acaba se acomodando e não produzindo, por outro lado é ruim, uma vez que pessoas detalhistas e autoritárias querem determinadas coisas, de determinadas maneiras, e não usam de uma sensibilidade para entender que de determinada maneira não é possível ou não existe. Esse tipo de pessoa apenas bate o pé e pronto, elas querem e querem, e ou outro que se vire, que loucura!

Mais uma vez eu volto a dizer que é fácil apontar para o outro no que diz respeito ao erro. Seja lá qual for o erro, este, por sua vez, nunca é gerado apenas por uma pessoa. Afinal de contas, só fazem conosco aquilo que permitimos fazerem. Tudo o que eu não domino, domina-me! Sendo assim, o poder de escolha está comigo, e eu vou reclamar do outro o quê e por quê?

Não posso afirmar, mas creio que ali, naquele momento, Deus queria ouvir: "*Eu comi, mas me arrependi, me perdoe!*". De qualquer forma, Deus traria uma consequência (toda e qualquer escolha, seja ela boa ou ruim) pela desobediência, mas com certeza tudo seria diferente, inclusive esse dia que se chama hoje!

Responsabilidade X Irresponsabilidade

Adão e Eva foram irresponsáveis, pois não cumpriram com o que o Criador havia orientado. O papel deles era cultivar a terra e procriarem para que a humanidade viesse à existência através deles, e não comerem do que era proibido comer. Trazendo para os dias de hoje, no relacionamento em que você vive, está fazendo o seu papel, ou está cometendo loucuras que podem (e vão) lhe gerar consequências drásticas e muitas vezes o levar à morte? Diante de um erro (*pelo menos*), você é capaz de assumir a responsabilidade que cabe a você, ou prefere transferi-la para outra pessoa?

Certa vez uma senhora (*que é minha mãe espiritual e intercessora*) me disse: "*as mulheres que oram, têm história para contar, e eu digo que quem se permite viver também tem história para contar*". Eu tenho história para contar, e creio que você também tem. Tudo o que relato neste livro tem um pouco ou muito de mim, e o desejo do meu coração é que, para você, esse livro não seja apenas letras, mas que seja um divisor de águas. Que você possa ter a consciência de suas atitudes sejam elas certas ou erradas. E que aprenda a assumir a responsabilidade que lhe cabe. Diante dos fatos, aprenda a prestar contas, pois isso é bem diferente de justificativas. Se você errar com seu patrão, por exemplo, ele merece, sim, um acerto de contas, ele merece, sim, uma explicação, afinal de contas, você não é independente, e por isso precisa dar-lhe uma satisfação. Satisfação essa que também deve ser dada aos cônjuges, pais, amigos, professores, pastores etc., justamente porque dependemos uns dos outros, e isso se chama *relacionamento*. Caso não dependêssemos, seríamos robóticos e a vida seria um tédio. Agora, se você fez corpo mole a um pedido, terá que assumir a responsabilidade que lhe cabe; terá que arcar com os prejuízos e eles podem ser caríssimos. Que você aprenda a assumir a sua responsabilidade em seus relacionamentos, para que possa sentir-se digno para com as outras pessoas e para com você mesmo. Pois quando assumir a sua parcela, não estará em dívidas com ninguém, nem com você mesmo, e ainda que essa parcela (*situação*) lhe custe caro, assuma a dívida (*resolva a situação*) e fique livre de notas promissórias!

PEDIDOS MANIPULADORES

Certa vez uma amiga me confidenciou que estava orando para Deus fazer uma mudança, algo diferente em sua vida. Dias mais tarde, ela me falou que estava triste porque seu marido, que é militar, tinha sido indicado a ser transferido para Brasília. Na verdade, a dor de seu coração era ter que deixar a igreja da qual a família faz parte há alguns anos. Falei para ela que esse movimento todo poderia ser resultado da oração que ela mesma tinha feito, pedindo a Deus uma mudança, algo diferente em sua vida, e essa oportunidade da viagem podia ser a providência de Deus ou não! Ela ficou pensativa e eu a aconselhei a orar pedindo a vontade plena de Deus para o bem-estar de toda a família, que se resume a quatro pessoas. Assim ela fez e tudo mudou; seu marido não foi transferido e ambos permaneceram no RJ e na igreja da qual são membros.

Mas o que me chama atenção é como acabamos manipulando Deus. Pedimos, pedimos, pedimos e, quando Ele começa a agir através de um movimento em prol daquilo que pedimos, batemos o pé e dizemos que não queremos. Na maioria das vezes, não entendemos que tal ação pode ser, e muitas vezes é, resultado de nossas orações. As coisas começam a mudar porque simplesmente oramos, mas acabamos achando que tal mudança não é de Deus, aí começamos a orar de maneira contrária ao que tínhamos orado antes.

Existe um louvor muito conhecido que diz: "Entra na minha casa, entra na minha vida, mexe com minha estrutura, sara todas as feridas!"[3] Olha a profundidade de uma simples frase. Você está declarando que quer, e então, Deus ouve! Você está declarando algo grandiosamente sério para a sua vida. Se assim declarar, espere, pois Deus vai entrar na sua casa, vai entrar na sua vida, vai mexer com toda a sua estrutura, seja física, emocional ou espiritual, e vai começar um processo de cura em todas as suas feridas, seja física, emocional ou espiritual. Cuidado com o que você pede, ora ou simplesmente louva, pois a palavra tem poder (Gênesis 1). Depois não volte para Deus pedindo para Ele fazer diferente do que Ele mesmo já está fazendo, porque você mesmo pediu, e acredita que o que está acontecendo é coisa do diabo, quando na verdade é Deus fazendo o que você declarou com sua própria boca. Como somos complicados e indecisos, parecemos crianças mimadas, e precisamos ser disciplinados urgentemente. Em situações, precisamos do banquinho de disciplina da super Nanny[4].

---

3. *Como Zaqueu*. Composição de Angela Jesus de Oliveira. Intérprete: Régis Daneze. Gravadora Line Records.

4. *Supernanny* é um programa que foi criado pela televisão da Inglaterra e é adaptado a outros países. A ideia deste programa é mostrar em cada capítulo ao público como impor disciplina às crianças. A versão brasileira é apresentada pela pedagoga Cris Poli e exibido pelo SBT.

DEUS SE RELACIONA CONOSCO

Deus é um ser pessoal que nos vê como indivíduos e não como multidão. Deus não gosta de monólogos, por isso criou o homem à Sua imagem e semelhança para que o mesmo se relacione com Ele (Gênesis 1). Uns acreditam que a definição de pecado é errar o alvo, pois quando você peca, acaba saindo do seu foco principal, porém também vejo o pecado como um problema. A Bíblia diz que o pecado separa o homem de Deus, eis então um grande problema. Adão pecou e automaticamente separou-se de Deus, pois acabou errando, então o seu alvo – criatura e Criador – foram separados por causa de um problema (Gênesis 3). Deus amava se relacionar com Adão – como ama se relacionar com você e comigo. Prova disso é que sempre na virada do dia, Deus o chamava para conversar, mas quando o pecado entrou, o problema se consumou e Deus mesmo assim cobriu Adão e Eva de sua nudez (vergonha), mas houve uma consequência para isso: a saída deles do paraíso. Quando falamos de nudez, falamos de vergonha. Adão era puro, não conhecia o pecado (problema) por isso não tinha prazer nele, mas quando seus olhos se abriram, Deus o chamou e ele se escondeu, porque estava nu e sentiu-se envergonhado (Gênesis 3). Adão se escondeu, ou seja, ele fugiu do problema. Não enfrentar uma questão é bem mais fácil, aparentemente.

Aconselho-te que de mim compres [...] Vestiduras brancas para te vestires, a fim de que não seja manifesta a vergonha da tua nudez [...]
Apocalipse 3:18

Vestidura branca significa a santidade, a pureza de coração, ou seja, um novo posicionamento, a nudez você já sabe que é aquela posição de vergonha e consequentemente humilhação. Mas aqui está uma dica: por meio de um novo posicionamento compre, ou adquira vestes novas e brancas, para que você não esteja mais na zona da vergonha. Saia da lama e tome aquele banho por meio da palavra de Deus, que é a água que nos limpa e nos purifica de todo pecado/problema (Efésios 5); vista as vestes novas e brancas. Seja lá o que estiver acontecendo, posicione-se e tome a iniciativa de resolver seus problemas, a fim de que não tenha mais ilegalidade, para que ninguém venha a lhe rebaixar e colocar em uma posição de vergonha e humilhação. Limpo e vestido, levante a cabeça e siga dignamente. Resolva seus problemas, pois não existem problemas insolúveis para Deus! Para tudo existe um jeito, uma maneira especial de resolução; basta apenas você ter um pouco de disposição e boa vontade em voltar e resolver determinada situação, ou seja, aquilo que depende de você! Faça a sua parte e resolva suas pendências! Não transfira a sua responsabilidade para outros. Se você foi capaz de se envolver com um problema, certamente será e é capaz de resolvê-lo, para que fique em paz com aqueles que se envolveram na situação e com você mesmo. Com seus problemas resolvidos, e fora da zona da vergonha e humilhação, você não estará mais em dívidas com ninguém, e a paz, a alegria, a satisfação e a dignidade serão desfrutadas por você mesmo. Lembre-se que diante de uma questão a ser resolvida você não está só, Deus está contigo! Vá e resolva o que está pendente; vai encarar ou anestesiar? #FORTEDICA!

INSENSÍVEIS OU HIPERSENSÍVEIS?

Hoje muitas pessoas se definem como insensíveis ou hipersensíveis e, na verdade, as duas opções são fortalezas, muros de proteção. Analisemos então cada uma para melhor entendê-las.

Insensíveis

Já ouviu aquele discurso: "Não mexe com o fulano porque ele é pavio curto!"? Geralmente quando uma pessoa é insensível, dura demais, sempre recebemos o aviso, um alerta para não falar, contrariar, irritar tal pessoa, senão ela explode e, explodindo, mil coisas vêm à tona, e eis aí uma grande confusão.

De dura essa pessoa não tem nada, ela é tão sensível que nem sabe, ou até sabe e por isso se esconde atrás dessa máscara da dureza para que, na verdade, ninguém veja o seu ponto fraco e venha a machucá-la. Ela limita-se a viver atrás de um paredão de proteção, no seu *mundo fechado*, isolando-se de qualquer situação que a deixe sem saída. Antes que alguém faça qualquer coisa, ela já agiu ou reagiu em sua própria defesa. É como uma cobra pronta para dar o bote, fica no aguardo, na expectativa, analisando tudo e todos, e quando se sente ameaçada (*uau!*), ela ataca primeiro. A Psicologia chama essa atitude de autodefesa, a pessoa se defende, antes que algo aconteça. Com certeza, é muito ruim uma pessoa viver dessa forma, 24 horas na defensiva. Cria coisas em sua mente que não existem, desconfia de tudo e de todos, pois para ela todo o mundo conspira contra sua pessoa. Uma neurose mental a deixa numa loucura total. É extremamente difícil lidar com pessoas assim no dia a dia.

Ter fibra, ser casca grossa, não é ser uma pessoa insensível, implacável, dura como uma pedra ou fria como um gelo, com o coração duro que nem o de Faraó, mas é encarar todo e qualquer tipo de situação que aparecer em sua frente com maturidade e sair dela com a solução e sucesso total. Podemos ver que Moisés foi usado por Deus para confrontar Faraó, que teve a *oportunidade* de se tornar uma pessoa melhor, pois ele era orgulhoso, soberbo e arrogante; a Bíblia diz que ele tinha o coração de pedra (Êxodo 7). O insensível Faraó teve dez chances de mudar o seu comportamento, não o fez e o resultado disso é que o juízo de Deus veio sobre o Egito por conta de sua desobediência. Imaginem, quantas pessoas foram afetadas por conta de um rebelde sem causa?

Quando toma determinadas atitudes, não é só você que sofre as consequências, mas aqueles que estão ao seu redor acabam sofrendo também por conta de seus atos – e isso é uma responsabilidade sua. Será que isso é justo, alguém ter que pagar por você? A intervenção de Deus veio no Egito para que o povo de Israel saísse de lá e assim aconteceu. Deus decretou e o mar se abriu. O povo de Israel saiu do Egito atravessando o Mar Vermelho. O *Feitiço virou contra o feiticeiro*, assim diz o ditado popular, e Faraó achou que estava por cima, mas *quem ri por último ri melhor*, e ele foi afogado pelo mesmo mar que se abriu para o povo passar. Há indícios de que muitos egípcios saíram do Egito e foram para Canaã através da passagem daquele mar. E para onde foi todo o orgulho de Faraó? Para o ralo, pois ele pereceu. Tudo poderia ter sido diferente, mas ele optou para que viesse a ser assim. O maior beneficiado foi Moisés, ele era de temperamento melancólico, por isso era sensível demais. E quem tem esse temperamento, não aguenta a pressão e foge do confronto. Deus disse a Moisés que endureceria o coração do Faraó (Êxodo 7), e assim o fez, tanto que foram dez pragas para o Egito. Diante de tanta mortandade, Faraó não saiu de sua *egotripp* (viagem ao fundo do ego). Ele era arrogante, prepotente, implacável, essas são as características de uma pessoa orgulhosa. E a consequência sobre o Egito veio que veio. Leia em Êxodo a história para melhor entendê-la.

Você já parou para pensar que coisa terrível uma pessoa ser assim? E hoje podemos encontrar pessoas que são iguais a Faraó, verdadeiros déspotas (*pessoas duras e implacáveis*)! Muitas pessoas são marcadas com esses sentimentos negativos porque um dia foram rejeitadas em casamentos que não deram certo, uma decepção com certas amizades, enfim, não tiveram sucesso em determinados relacionamentos que, falidos, chegaram ao fim.

São esses traumas que fazem com que pessoas se tornem uma pedra de gelo e se escondam atrás de máscaras, recusando a se relacionarem outra vez. E sabe por que eu disse que Moisés foi o maior beneficiado? Porque pelo fato de ter aceitado o desafio de ir até Faraó, mesmo sabendo que Deus endureceria o coração dele, Moisés foi tratado em seus limites, ou seja, tratado em seu caráter. Ele foi aprovado no teste, e certamente subiu de nível. Foi uma grande experiência para que ele pudesse mais tarde suportar mais de seis milhões de pessoas *complicadas, problemáticas e murmuradoras*, caminhando com ele por quarenta anos consecutivos naquele deserto duro de viver, rumo a Canaã, a Terra Prometida.

Quando surgir uma crise em seu relacionamento, ou quando alguém que trabalha ao seu lado, um vizinho ou familiar começar a colocar as garras de fora, não se amedronte, não fuja, não se acovarde. Seja firme, não baixe a guarda, posicione-se e vá, encare, exerça o seu potencial de líder, pois Deus é contigo. Se problemas surgirem, mantenha-se firme para com essa pessoa, não minta, não omita, não grite, não perca o controle. Faça o que realmente tem que ser feito, ouça e obedeça ao que Deus falar ao seu coração, seja verdadeiro e, com certeza, Deus lhe dará o escape, assim como fez com Moisés e aquele povo.

Na época de Moisés e até aos tempos de Jesus, uma pessoa com lepra era considerada indigna de estar no convívio de outras pessoas. Na verdade, quem estivesse com essa doença contagiosa tinha que agir da seguinte maneira: ia até o sacerdote da tribo, o mesmo dava um diagnóstico sem medicar e recomendava isolamento por sete dias, até que ficasse curada de sua doença. Se nesse prazo ela ficasse sã, poderia voltar ao convívio normal, caso contrário, ela permaneceria isolada até ficar curada. Qualquer coceira ou pigmentação na pele era diagnosticada como lepra. Os leprosos andavam juntos, tinham em comum não só a doença, mas certamente os diálogos e lamúrias de sempre. Mas o que isso tem a ver com relacionamentos? Hoje em dia existem muitas pessoas feridas emocionalmente, e quando uma pessoa está ferida ela tem uma queixa (raiz de amargura – Hebreus 12[5]). *Queixa essa que contamina quem ouve. Se você não tiver sabedoria e discernimento, se não for uma pessoa sã emocionalmente, certamente será muito fácil se contaminar por aquilo que ouvir ou presenciar.* Esses leprosos certamente sentiam não só a dor física, mas também a dor moral. Imagine você ser rejeitado pela sociedade, por aqueles que vivem com você, porque está com uma determinada doença, nesse caso a lepra. E lhe digo mais, o leproso tinha que andar com uma capa, que tinha uma cor que correspondia à doença: a lepra. Imagine, você está com um problema, é rejeitado porque o tem, e ainda por cima tem que andar com uma capa que simbolicamente diz o que está acontecendo com você. É como se amarrasse um pano na sua testa dizendo o que você tem. Que humilhação! Os leprosos certamente se atraem, porque compartilham algo em comum e muitos deles chegam ao matrimônio juntos, porque compartilham

5. "[...] nem haja alguma raiz de amargura que, brotando, vos perturbe e, por meio dela, muitos sejam contaminados." Hebreus 12:15

dores, ofensas, críticas e humilhações. Acabam se atraindo porque um identifica no outro o código, a marca da rejeição. Realmente, os leprosos se atraem!

A erva daninha se não for cortada de uma lavoura, sufoca os frutos que estão nascendo até que morram. O interessante aqui é que a amargura de coração é semelhante a uma erva daninha, ela sufoca o amargurado, a fim de que ele sufoque e amargure outros que estão ao seu redor. Já ouviu falar que se uma laranja podre não for retirada do cesto, ela tem o poder de apodrecer todas as outras laranjas? É a mesma coisa! Como deve ser o coração (*emoções*) de uma pessoa amargurada? Já viu o pulmão de uma pessoa que fuma por mais de 20 anos? Ele é negro e cheio de buracos. Vamos chamar então esses buracos de sequelas; sequelas essas que vão prejudicá-lo para o resto de sua vida. As emoções de uma pessoa amargurada são marcadas por traumas e sequelas. Talvez a pessoa já tenha sofrido tanto na vida que acabou por ficar amargurada e até hoje leva consigo traumas e sequelas por onde quer que vá. Assim acaba contaminando aqueles que se aproximam: cuidado, esse pode ser você! Esse por sua vez corre um grande risco de ser sufocado e de ficar apodrecido, com isso lhe resta duas opções: ou ele morre, ou vai ficar traumatizado e cheio de sequelas por conta do apodrecimento em seu interior. Apodrecimento que vem destruindo sonhos, desejos, vontades e tudo mais que possa nos fazer pessoas realizadas em todos os sentidos da vida.

Jesus também foi humilhado, rejeitado e criticado, “Ele veio para os seus (os Judeus) e os mesmos não o receberam” (João 1:11). No momento da crucificação os soldados Romanos despojaram Jesus de suas vestes e cobriram-no com um manto escarlate (*capa*), colocaram em sua cabeça uma coroa de espinhos e na mão direita um caniço, ajoelharam-se aos seus pés e certamente em um tom de deboche diziam “Salve, Rei dos judeus!”. Cuspiram-no, e deram com o próprio caniço em sua cabeça. Depois de tanto escarnecer e humilhá-lo, despiram-lhe do manto que lhe tinham colocado, deixando-o ainda mais em carne viva e colocaram novamente as vestes que anteriormente estavam nele. Certamente vestes sujas e rasgadas, e assim o levaram para a cruz (Mateus 27).

Não pense você que a crucificação foi algo leve, pelo contrário, foi algo terrível e doloroso ao extremo. Jesus foi crucificado nu, e já falamos que a nudez representa a vergonha física e moral. Imagine-se no lugar dele. Imagine você passando por tudo isso e mais um pouco, e depois sendo exposto nu publicamente ao alto de uma cruz! Mas quero dar-lhe uma boa e nova notícia: não é preciso você se imaginar assim. Ele sofreu tudo isso no seu e no meu lugar. Ele recebeu o manto de vergonha para que, após a ressurreição, hoje você pudesse receber o manto de justiça, a bandeira e a Coroa da Vitória! Ele hoje quer se relacionar com você, a fim de que você aprenda com Ele que é manso e humilde de espírito. Troque seu fardo com o Dele. Troque seu manto com o manto Dele (Mateus 11). Os que zombavam Dele não eram capazes de acreditar que hoje Ele estaria num alto e sublime trono assentado à direita de Deus Pai, O Todo Poderoso. E o caniço que estava em suas mãos foi substituído por um cetro de justiça. Se você está em um relacionamento frustrado, ou se sofre qualquer tipo de injustiça, permita-se tocar no cetro do Rei dos Reis, permita-se obter o favor e a graça do Senhor dos Senhores. Saia da zona da humilhação, rejeição, abandono, solidão, escárnio e *dê-se ao luxo de ser feliz mais uma vez e sempre!*

Hipersensíveis

Os hipersensíveis não são muito diferentes dos durões, a tendência deles é estarem mais para baixo. Eles não usam máscaras, mas usam de uma chantagem emocional para conseguir o que querem. Fazem de tudo para chamarem a atenção para si usando charmes para conseguirem algo de seu próprio interesse. Fazem-se de coitadinhos ao extremo para, assim, manipular o outro. Esse é o disfarce do hipersensível. Ele gosta de ser bajulado, ama ter alguém ouvindo seus lamentos que nunca têm fim. Podemos chamar esses lamentos de ganho secundário, pois certamente eles ganham alguma coisa utilizando suas lamúrias. Eu já fui assim, mas, graças a Deus, me curei e mudei! Melancólicos e fleumáticos tendem a ser hipersensíveis. Se você é assim, decida por não ser. Não seja durão, pois ser posicionado é totalmente diferente de ser duro na queda, mas também não seja tão melindroso a ponto de necessitar de alguém que fique lhe adulando (*paparicando*). Escolha, então, o equilíbrio, para que você possa se relacionar adequadamente com os que o rodeiam.

A DINÂMICA DOS RELACIONAMENTOS

A monotonia traz uma apatia para qualquer relacionamento. Sendo assim, é bom que nossos relacionamentos sejam a cada dia mais dinâmicos. A partir dessa dinâmica de conhecer e se relacionar com um mix de pessoas, encontraremos três características diferentes uma das outras, o Encanto, o Desencanto e a Maturidade. Será que você possui alguma delas?

Encanto: Você conhece determinada pessoa e logo fica encantado. Ela possui todas as qualidades do mundo, e é notório, pelo menos para você, que ela não possui defeitos. Isso é o principal para que você coloque-a em um pedestal e comece a adorá-la. Como num encanto você se apaixona por tal pessoa, muitas vezes de uma maneira doentia, tratando-a como se ela fosse a melhor, a única no mundo. Aí, vamos para o segundo tópico.

Desencanto: Nessa nova etapa é típico dizer que o *Príncipe virou sapo*, a *Cinderela virou abóbora*, mas por quê? Uma coisa é você ver a pessoa, outra coisa é conviver com ela. Então a tal pessoa por quem você se encantou, convivendo no dia a dia, verá que não é tão maravilhosa, tão perfeita assim como você idealizou. Nesse momento vem a decepção, a frustração e com elas o desencanto. E aí, o que fazer quando o desencanto chega?

MATURIDADE: Quando ocorre o desencanto, a única saída é a maturidade. Você terá que escolher o que fazer. Vai ficar decepcionado ou vai se levantar e encarar a situação? Eu já perdi trabalho porque tinha alguém exigente que ficava no meu pé e eu não tive discernimento o suficiente para encarar tal pessoa, porque, afinal de contas, aquele era o meu trabalho e eu precisava dele. Muitas pessoas não têm essa maturidade, e pior que não ter é não buscar tê-la. Aí ocorre o inevitável. Os relacionamentos perdem o valor e se tornam descartáveis: não presta, joga fora e compra outro. É bem mais fácil agir assim não é verdade?

Imagine quando Deus deu o desafio a Noé de construir a arca, e ele a construiu. A Bíblia diz que os animais foram atraídos para dentro dela. Veio uma chuva, que durou 40 dias e 40 noites, e nesse espaço de tempo todos os animais ficaram trancados na arca. Quero levar você a pensar na possibilidade de vários animais de espécie diferentes "[...] limpos e imundos, aves e todo tipo de réptil que se rasteja pela terra" – Gênesis 7:8-9 convivendo juntos, trancados, cada um com seu cheiro, costume e características. Imagine que desafio: um tendo que suportar o outro, mesmo que não quisesse. Ali era um teste de sobrevivência. Também estavam dentro da arca, Noé, sua esposa e seus três filhos com as esposas. Será que todos ficaram quietos, esperando a chuva passar? Será que realmente não houve nenhum desentendimento, mas com uma reconciliação após de uma boa conversa? Que tédio! Não havia telefone, computador, rádio ou televisão ali! Seria difícil para eu estar ali dentro, e você como agiria nessa situação? Conosco não é diferente, pois a arca hoje em dia é a igreja. Muitas pessoas chegam à igreja e quando menos esperamos essa pessoa já se foi. Por quê? Porque para alguns é difícil compreender que pastores e líderes são de carne e osso e isso implica em dizer que eles são tão falhos quanto você e eu. Existe muito crente *borboleta*, ou seja, que vive percorrendo as igrejas em busca de bênçãos, profecias e, acima disso, líderes e pastores perfeitos. É muito difícil tolerarmos o outro, nossos erros e defeitos podem ser justificados, mas o do outro não. A vida fica bem mais fácil de ser vivida quando nos colocamos no lugar, na posição do outro. Falarei sobre isso no último capítulo.

Se você percorre igrejas em busca de líderes e pastores perfeitos, quero lhe dizer que está no caminho errado. Pastores e líderes são de carne e osso como você e eu. Não quero lhe jogar um balde de água fria, mas prepare-se, pois, ao chegar a uma igreja, certamente, você pode vir a se decepcionar. Mas por quê? Porque a igreja é como a arca que tinha animais de diferentes espécies com cheiros, costumes e características. A igreja é como um hospital, muitas estão doentes, mas em busca da cura. Na verdade você não vai viver em uma igreja, pois você tem sua família, seu trabalho, amigos etc.

Você se relaciona o tempo todo com vários diferentes pessoas e certamente essas pessoas vão falhar em algum momento!

É preciso que de agora em diante seu novo nome seja MATURIDADE, ou então que a MATURIDADE ande com você para cima e para baixo. Faça da MATURIDADE um remédio controlado, e quando chegar a hora de uma decepção, seja lá com quem for, dentro ou fora da igreja, com amigos ou familiares, com seus filhos ou pais, com sogro(a) ou seu cônjuge, enfim, quando a decepção vier, chegou a hora de você tomar seu remedinho! Mas qual é mesmo o nome desse comprimido? Aperte o cinto e continue a se relacionar agora de uma forma MADURA, afinal de contas esse remédio é seguro e nunca perde a validade, e o efeito é bem rapidinho, é tiro e queda!

Escuto histórias de vários casamentos se acabando porque estão sempre em crise, pois nem um nem outro admite ser confrontado. Lembra do versículo de Amós? Tem que existir um comum acordo para que duas pessoas possam caminhar juntas, se assim não for, infelizmente o melhor caminho nesse caso é a separação. Claro que você não é obrigado a concordar totalmente com o outro, mas quando você é maduro o suficiente, consegue suportar, conviver com certas diferenças, pois isso é normal. Quando você não é capaz de aceitar o outro como ele é, surgiu então um problema. É melhor você parar e rever seus conceitos, pois, na verdade, uma implicância surge quando nos vemos no outro. Muita vezes o defeito de determinada pessoa é o seu defeito também, e ao identificá-lo, surge um impacto, um choque e começa a perseguição àquela pessoa. Quando digo duas pessoas, não me limito só a casamento, mas a todos os níveis de relacionamentos, até ovelha e Pastor. Por que será que uma pessoa chega e diz: "Hum, fulano é fofoqueiro!"? Na verdade, o que declarou isso se viu no fulano, o defeito do fulano é tão real nele que ele identificou no outro, pois assumir que é assim, jamais, isso nunca vai acontecer! Afinal de contas, ninguém quer ser confrontado em seus erros, poucos aceitam e mudam; muitos se escondem atrás de suas máscaras e continuam a mesma pessoa de sempre, por anos a fio. Que conforto!

TRAIÇÃO

Quando você se relaciona com alguém, no mínimo deseja da outra pessoa lealdade e fidelidade. Pelo dicionário, traição é o ato ou efeito de trair, e falar de traição, é um tanto complicado, pois ouvimos várias pessoas dizendo que para uma traição não tem perdão. O perdão é uma atitude que vem do coração, e não de meras palavras. Diante de uma determinada situação, você pode dizer que perdoou, quando na verdade não perdoou. Porém sua atitude irá mostrar se você perdoou ou não.

Desde a época de Jesus até os dias de hoje, algumas pessoas seguem a tradição de malhar o Judas na Semana Santa. Malham o Judas numa atitude de ira e revolta por ter traído a Jesus. Mesmo aqueles que não estudam a Bíblia, certamente já ouviram falar na história de Judas Iscariotes. Esse ficou conhecido como o ícone da traição, e essa história, que foi e é uma realidade, hoje se repete na vida de muitas pessoas!

Quero analisar esse fato, do ponto de vista espiritual e natural, o que vai implicar em relacionamentos, o tema central desse livro. Jesus veio à Terra para um propósito e uma missão: implantar o Reino de Deus e salvar a Humanidade. Em sua jornada rumo ao anúncio das boas novas (*o evangelho*), Ele chamou doze homens para andar com ele. Certamente, ensinaria tudo a eles, para que depois fossem e fizessem sozinhos, realmente ali era um discipulado. A verdade é que Ele em sua onisciência (*Ele sabe de todas as coisas, antes que as mesmas venham à tona e aconteçam*) já sabia de tudo o que aconteceria, ou seja, já sabia que seria traído. Esses doze homens eram, na maior parte, analfabetos (*a Bíblia os chama de iletrados*) e sem nenhuma educação. Alguns se destacavam, como Mateus, que era publicano (colhedor de impostos), Marcos era de família de classe média alta, e Judas Iscariotes, o traidor, era uma pessoa inteligente e influente; podemos dizer que o orgulho e o interesse faziam parte de seu caráter. Como uma pessoa de carne e osso, assim como você e eu, ele tinha uma dose de desvio em seu caráter. Por lidar com o financeiro, viu uma oportunidade pessoal em obter dinheiro, mas essa oportunidade não veio fácil, existia uma condição; condição essa que lhe custava entregar aquele com quem se relacionava face a face: Jesus Cristo, o Messias. O interesse pelo dinheiro lhe subiu à cabeça, e ele não mediu esforços em entregar aquele que era o seu líder, o seu amigo, aquele que tanto admirava, a ponto de segui-lo. O sinal da traição foi um *simples* beijo no rosto, quanto cinismo e falsidade! Judas beijou Jesus e acabou por entregá-lo aos Romanos. Como recompensa, recebeu uma quantia de trinta moedas.

No aspecto espiritual, Judas não foi o privilegiado em entregar o Mestre, se não fosse ele, seria outro que trairia Jesus e, certamente, esse outro faria conforme a sua fraqueza. Analisando o caráter de Judas, percebemos que ele era egocêntrico, estava então na *egotripp*. Pelo fato de ser uma pessoa culta, cuidava da parte financeira do ministério de Jesus, era um contabilista da época, e isso já era motivo para se sentir o máximo. Como já disse, o significado da palavra *egotripp* é viagem ao fundo do ego, e nos EUA, a melhor definição para *egotripp* é *viajar na maionese* ou *pirar na batatinha*. Judas pirou na batatinha e acabou viajando na maionese quando passou por sua cabeça a possibilidade de entregar aquele que era seu amigo.

Esse fato foi consumado e nós já sabemos o final dessa história. A verdade é que de alguma forma Jesus seria traído, para que se cumprissem as escrituras: ele seria entregue aos Romanos. Porém nós não estamos preparados para ser traídos e, quando somos, nos decepcionamos, pois não esperamos determinadas atitudes de pessoas próximas, daqueles que nos traem. Pessoas que amamos e em quem confiamos a nossa vida.

No aspecto natural, quero levantar a seguinte questão: por que será que uma pessoa trai a outra? Por mais que as pessoas nos prometam amor eterno, jurem aliança e fidelidade, isso não será suficiente para que elas não nos magoem em algum momento nessa caminhada que se chama relacionamento. Posso amá-lo de todo o meu coração, mas em algum momento, posso e vou errar com você, simplesmente porque sou falho.

Existe um ditado popular que diz: *quem bate esquece, quem apanha lembra*. Isso implica em dizer que aquele que errou, o traiu, não está nem aí mesmo, e você sofre por anos a fio por uma pessoa que não liga para você. Lembro-me de um livro didático que se chama A *mochila que pesava demais*, e a capa desse livro é um menino encurvado com uma mochila grande, cheia e aparentemente pesada. Em cima da mochila estava a sua mãe, sentada confortavelmente de pernas cruzadas, lendo um livro. Analisemos esse menino, que no livro se chama Pedro. Ele estava cansado com uma bagagem cheia e, ainda por cima, existia alguém em cima dessa bagagem, que não estava nem um pouco ligando para o seu desconforto. Quando alguém erra conosco, ainda mais em uma traição, nos sentimos desconfortáveis, porque ficamos tentando achar um motivo para o porquê da traição. Pensamos e repensamos no porquê de a pessoa agir de determinada maneira para conosco. Ficamos sem paz, tentando entender e acabamos não entendendo nada. Ficamos angustiados, tristes e oprimidos. Nossa autoestima fica baixa e, muitas vezes, nos fechamos para outros relacionamentos. Acabamos descontando todo o nosso sofrimento em outras pessoas que não têm nada a ver com a situação que estamos vivenciando. A verdade é que é difícil aceitar o porquê de alguém que nos prometeu tanto amor, aliança e fidelidade ter sido capaz de nos apunhalar pelas costas com um golpe certeiro.

Lembre-se de que Jesus passou pela traição, porém ela não foi capaz de detê-lo no propósito que lhe estava destinado.

Não permita que uma traição o paralise. Não permita que as pessoas que entraram em sua vida e o traíram tenham o poder de lhe fazer parar de viver. A vida é uma ida, e você tem que continuar nessa caminhada que se chama relacionamento, simplesmente pelo fato de que não existe a possibilidade de viver isoladamente nessa Terra, com milhares de pessoas ao seu redor. Por onde você for, encontrará pessoas e pessoas, e terá que se relacionar com as mesmas. Certamente terá que estar preparado para o erro, *traição,* dessas pessoas, e quando isso acontecer, o que vai fazer? Lembre-se de Jesus, pois ele passou por tudo isso, mas venceu. Então levante a cabeça, respire fundo e siga em frente, a vida é uma ida e você tem que ir viver e chegar lá. Lembre-se também que a culpa, melhor dizer a responsabilidade, nunca é de um só. No caso da traição, a parcela de responsabiliodade que cabe aos dois. De repente você foi traído, mas será que realmente, ainda que sem intenção, não houve uma atitude de sua parte que culminou nessa situação? Pare e pense, reveja também suas atitudes para com o outro, seja ele quem for!

A IMPORTÂNCIA DA FAMÍLIA

Abraão recebeu uma direção de Deus para deixar a sua parentela e ir para um lugar revelado por Deus. Ele teve certeza do que estava fazendo. Deixou, então, sua família e foi em busca de um lugar que nem ele sabia o caminho. Saiu de Ur dos Caldeus (Babilônia) com 75 anos e foi parar em Padã Harã com um bando de pessoas que levou com ele. Deus queria que Abraão fosse sozinho para ser preparado e, certamente, depois ele voltaria para junto de sua família. Mas ele levou todos com ele, e eles o atrasaram. Abraão estava sem direção e acabou obedecendo a Deus de uma maneira parcial, pois ele tinha um apego muito forte à sua família, era apegado ao extremo a seu pai Terá, que por sua vez era apegado a outro filho Harã. Abraão ficou parado por vinte anos.

Deus não nos manda abandonar nossa família, mas não podemos ser apegados ao extremo e deixar Deus como última opção. Deus se calou durante esses vinte anos e só voltou a falar quando seu pai Terá morreu. Estava com Abraão, seu sobrinho Ló. Antes de continuar esse tópico, vale destacar a biografia de Ló.

Ló era um homem que ficava sentado à porta de Sodoma (Gênesis 19). Ele era orgulhoso, interesseiro, queria título, poder e influência humana. No versículo 9, a intensão de Ló veio à tona, jogaram na cara dele que andava por dois caminhos, pois não era uma pessoa posicionada, não tinha opinião própria; de acordo com o seu interesse, ele ia. Na verdade, ele se corrompeu e ficou desmoralizado. Ló saiu da cidade com sua esposa e duas filhas (versículo 15); sua mulher olhou para trás porque havia uma dose de interesse em seu interior. A cidade estava sendo destruída e todos deveriam sair de lá para se salvar e ela certamente só pensava nos bens materiais que tinham ficado para trás. E o final da história é que Deus tinha falado para ninguém olhar para trás, ela olhou e como consequência virou uma estátua de sal – triste final!

Não fique apegado aos bens materiais (*e nem a pessoas*), pois com o tempo, as pessoas se vão, e o que é material fica ultrapassado. O que mais importa é você estar bem com Deus, com você e com o outro, independente de qualquer situação. Deus quer que você se relacione maravilhosamente bem com sua família. O propósito de Deus é com a família, por isso vemos a destruição de tantas famílias nos dias de hoje, inimizade entre casais, pais e filhos etc. Mas que base familiar a mulher de Ló tinha? Certamente nenhuma! Ló não perdeu só a esposa, ele teve outras perdas: unidade dos irmãos (*relacionamento familiar*), financeira e liberdade (privação da liberdade de ir e vir).

Mas voltando ao sistema familiar, podemos ver que ninguém respeitava Ló. Tudo começava dentro de sua casa. Ló não tinha a autoridade de cabeça do lar, não se dava ao respeito e faltou posicionamento dele como marido e pai.

A mulher mandava em seu lugar e as filhas acabavam mandando também. Todos mandavam, e ele ficava omisso no seu cantinho. Depois da morte de sua mulher, ele subiu o monte e foi morar com as filhas numa caverna. É retratado que a filha mais velha tramou um plano: embriagar o próprio pai com vinho, para as duas se deitarem com ele para que pudessem engravidar, dando continuidade à família. Olha como eram interesseiras e maquiavélicas as solteironas filhas de Ló! Mas de onde vinha esse instinto interesseiro e maquiavélico delas? Dos pais que eram assim!

Pais tomem muito cuidado com as influências que vocês têm passado para seus filhos. A linha sistêmica diz que o indivíduo é fruto do meio em que vive, e na verdade a criança, quando ainda está em formação de seu caráter, até *completar os sete anos*, funciona como uma caixa de informações, e os principais a depositarem essas informações nessas caixinhas chamadas filhos são os pais. Podemos ver que ele se embriagou e acabou cometendo incesto com as filhas. Por que será que Ló não questionou a motivação da filha mais velha em querer que ele bebesse daquele vinho? Certamente Ló não era tão esperto assim, até podia ser quando era de seu interesse, quando não, ele era o mesmo de sempre. Que destruição familiar! Será que nesse momento você pode ver que hoje em dia acontece a mesma situação em muitas famílias? Quanta destruição familiar! Não permita que ela chegue até sua casa.

Agora você já conhece a jornada de Ló. Infelizmente ele, como homem, marido e pai, não obteve sucesso total, pelo contrário, foi um fracasso. Como dito, Abraão tinha que ter ido sozinho, mas levou um monte com ele. Será que se Ló não tivesse seguido Abraão isso seria evitado? Mistério! Mas ele foi junto com seu tio e teve um momento em que os dois tiveram que se separar. Uma separação não é fácil, mas, dependendo da situação é preciso que ela aconteça para o bem de todos.

> *E a terra não podia sustentá-los para que habitassem juntos, porque eram muitos os seus bens; de sorte que não podiam habitar um na companhia do outro. Houve contenda (falta de diálogo) entre os pastores do gado de Abraão e os pastores do gado de Ló.*
>
> Gênesis 13:6-7a

Ló tinha uma tendência carnal. A verdade é que foram os pastores dele que brigaram com os pastores de Abraão. Certamente a contenda e a falta de relacionamento não estavam no coração dos pastores de Ló, pois tudo começou nele próprio, e ele mesmo passou esse sentimento de contenda para seus comandados até que ficou insuportável a convivência entre o tio e sobrinho, Abraão e Ló, e consequentemente seus pastores.

Disse Abraão a Ló: Não haja contenda entre mim e ti, e entre pastores os meus e os teus pastores, porque somos parentes chegados.
Gênesis 13:8

A verdade é que Abraão já conhecia muito bem seu sobrinho Ló, por isso já sabia o seu caráter. Note que em meio a um desentendimento, Abraão agiu sabiamente quando percebeu que um grande problema estava se instalando. Então chamou Ló para um confronto e o fez cair na real de que não era necessário todo aquele desentendimento sem propósito, e o fez assumir a responsabilidade que lhe cabia. E, para a nossa surpresa, Ló aceitou ser corrigido aparentemente e o resultado final é que ambos se separaram, cada um seguindo o seu destino.

Então Ló escolheu para si toda a campina do Jordão, e partiu para o Oriente; separaram-se um do outro (seguiram caminhos diferentes). *Habitou Abraão na terra de Canaã, e Ló nas cidades da Campina, e ia armando as suas tendas até Sodoma.* Gênesis 13: 11–12

E, a partir do versículo citado, começa toda a história de Ló em Sodoma, com sua esposa e filhas, sendo que antecipei para que você entendesse melhor quem era Ló e o porquê da separação de Abraão. Coloquei Ló e Abraão no paredão, na verdade o nome dele ainda era Abrão, no capítulo 17:2, Deus faz uma aliança com ele e seu nome é trocado para Abraão, que significa "*pai de muitas nações*". Aproveito o gancho para falar de algo que tenho visto: *pais autoritários*.

Pais autoritários

Anteriormente já falamos sobre pai, e você viu que Abraão era apegado – ao extremo – a seu pai. Certamente seu pai devia ser um bom pai, mas hoje em dia podemos ver muitos pais que não são bons, são maus. A autoridade quando conquistada tem como resultado um belo e lindo relacionamento entre os pais e filhos, mas quando ela é imposta, no peito e na raça, na marra, não alcança um resultado positivo, pelo contrário, a autoridade quando imposta gera ira, desobediência, rebeldia etc. Por que será que muitos filhos são rebeldes? Será que existe mesmo um rebelde sem causa, ou ele se inspirou em alguém de sua própria casa? Ou ele se tornou um rebelde por responsabilidade de alguém de sua própria casa? Vamos relembrar o que falei sobre a linha sistêmica? O filho é fruto, o produto do meio em que vive, e acaba por se espelhar nos pais e repete as atitudes presenciadas, já que os mesmos são como um espelho, modelos, exemplos a serem seguidos. E existe também outro fator importante: existem pais que ensinam os filhos a fazerem coisas erradas. Fico chocado quando vejo, por exemplo, um pai ensinando o filho quando pequeno a falar palavrão, ou então quando pegam a chupeta e molham na cerveja – e usam isso para mostrar ao filho que são "machos". Será que é assim que se ensina a um filho a ser homem com H? Tem mães que ensinam as filhas a se insinuaram a homens por dinheiro, dar o "golpe da barriga" etc. Muitos pais são como pedra de tropeço na vida dos filhos.

Filhos obedecei a vossos pais no Senhor, pois isso é justo. Honra teu pai e tua mãe (que é o primeiro mandamento com promessa) *para que te vá bem, e sejas de longa vida sobre a terra. E vós pais, não provoqueis vossos filhos a ira, mas criai-vos no Senhor.* Efésios 6:1-4

Todo empregado deve obediência ao seu patrão, assim como um filho deve ser submisso ao seu pai. Jesus tinha todo conforto no céu, mas quando Deus Pai lhe disse que seria enviado à Terra, *a fim de cumprir um propósito e uma missão*, Ele não questionou, mas obedeceu e se submeteu. Como diz o versículo, a promessa de Deus se cumpriu em sua vida, pois Jesus não teve uma vida longa na Terra, mas seus 33 anos foram bem vividos e, além disso, por meio de sua atitude, a humanidade foi salva. Cumpriu-se, através do Cristo, o propósito que Deus tinha em mente. Jesus Cristo, o modelo a ser seguido, foi obediente até o fim.

Muitas pessoas pregam somente a primeira parte desse versículo, e enfatizam muito bem o obedecer aos pais, mas se esquecem do que diz na sequêcia: para os pais não provocarem a ira dos filhos. Eis um recadinho bem dado. Então pais, vocês são filhos de Deus, portanto, é seu dever, é de sua responsabilidade obedecer a essa recomendação feita por Ele por meio do Apóstolo Paulo (*Ira = desejo de vingança*).

Muitos pais não estão preparados para serem pais. Esse é um papel importante e requer trabalho, carinho, aceitação, dedicação e, acima de tudo, renúncia. A responsabilidade com a casa e os filhos fica com a mulher (quando na verdade essa responsabilidade é de ambos); o homem, por sua vez, ainda que seja menos presente no dia a dia por ser o provedor, não deixa de ser aquele que toma as decisões e dá o ponto final. Muito melhor fica a relação, quando a comunicação é de ambos e não de um só! Muitas esposas acabaram assumindo o papel de ser a mulher que também trabalha. Muitas trabalham porque querem, outras trabalham para ajudarem no orçamento da casa. Quando acontece do pai e da mãe trabalharem fora, mesmo assim a função de educar é deles e não das babás, avós, escolas etc.

O sistema familiar mudou seus padrões com toda a modernização do século 21. Existem também pais que por carências emocionais querem ser os filhos dos filhos, e os filhos, cansados de tanta imaturidade da parte dos pais, aceitam (*na marra*) o desafio de se tornarem pais dos pais. Uma carência torna-se uma dependência, e mais uma vez acontece uma troca de papéis e valores no lar. Papéis trocados são iguais a trabalho dobrado.

A moral, a ética e os bons costumes já não existem mais, o valor se perdeu, tudo foi banalizado, pois a essência de um lar doce lar já não existe mais. Existem pais que agem como se fossem verdadeiros déspotas, o autoritarismo toma o lugar da autoridade, sendo que um não tem nada com o outro, pois uma casa é para ser um lar e não um quartel. A autoridade é conquistada de uma forma simples e natural; o autoritarismo é imposto, empurrado pela goela a baixo, e o resultado disso é negativo, ou seja, não dá certo. Quando um pai ou uma mãe tentam na força do braço, na marra, mostrar que são os donos da verdade e que ali quem manda é eles, na verdade já perderam o jogo e não sabem. A autoridade, a liderança, o potencial de gerenciar sua família, seu lar, influenciar seus filhos para o bem já se perdeu, e o mundo já ganhou seus filhos! Nada melhor que um bom diálogo nesse momento. Quando existem gritarias e agressões (*físicas ou verbais*), nada fica resolvido, mas tudo fica confundido. Certamente uma palavra mal falada dói mais que uma tapa. O filho malcriado começa então a fazer uma competição com seus pais, mostrando de cara o seu comportamento rebelde. É tipo o ditado "*Quem bate esquece quem apanha lembra!*", mas podemos também dizer assim "*Quem fala esquece, quem ouve lembra!*". Uma palavra (*ofensa*) pode doer, e certamente dói mais que uma surra, pois palavras mal ditas ficam armazenadas na memória sem prazo de validade. Podem se passar anos, mas em determinados momentos, vem esse "insight" e essas palavras mal ditas, surgem na mente e tudo volta à tona. Que suas palavras possam ser benditas e não malditas, tanto para seus filhos ou cônjuge, como para qualquer outra pessoa.

No momento de um conflito familiar deve existir um *bom e aberto* diálogo. Através dele (*não dos gritos e escândalos*) vem à correção (*consciente e equilibrada*), e logo a seguir, como consequência, a mudança, a transformação no caráter dos filhos e certamente dos pais também. Isso é um processo que pode ser a curto, médio ou em longo prazo. Transformação essa que é responsabilidade dos pais. Claro que os filhos e os pais precisam também querer mudar, pois ninguém muda porque o outro quer, e ajudar quem não quer ser ajudado é tempo perdido. O outro pode lhe mostrar o erro e o caminho do acerto, mas, se você não quiser mudar, certamente assim não vai acontecer. Ninguém vai ajudá-lo a mudar e nem tão pouco *mudá-lo* na marra e, com certeza, nada acontecerá. Pais, será que vocês estão errando ou acertando com seus filhos? Filhos será que vocês estão errando ou acertando com seus pais? Vocês aceitam uma opinião em relação ao que está acontecendo, ou preferem ficar com suas próprias opiniões em relação ao problema? Mesmo sabendo que esse problema, essa situação é errada, você vai querer ficar nessa posição, nesse erro? Olhe e reflita, aceite opiniões de pessoas sábias e maduras e verá que não é bem assim como você pensa. Dificuldades existem, afinal de contas não existe uma escola para aprender a ser pai ou mãe. Sendo assim, ao detectar uma dificuldade, um problema, busque ajuda de pessoas, como profissionais capacitados nessa área familiar. Dê o braço a torcer sim, pois nem sempre você está certo. Diga-me quem foi que nunca errou? Só acerta quem erra, mas evitar o erro também é um grande ato de sabedoria.

Os pais são o primeiro modelo, o exemplo a ser seguido. Se eles não se posicionam, fica difícil, pois na verdade eles são o referencial dos filhos. Se eles não forem o referencial dos filhos, quem vai ser? Em quem os filhos vão se inspirar? Nos vilões da novela, nos filmes de terror, nos bandidos que existem hoje em dia, numa sociedade corrompida, nos super-heróis que são uma mentira? Muitos heróis já morreram de overdose, e muitos inimigos já estão no poder – e é neles que seus filhos vão se inspirar, sabia? Cuidado, assuma logo o seu lugar! Ao ver o comportamento de uma criança, seja ele qual for, pode ter certeza que existe um fundo emocional. Ao procurar esse fundo, você entrará num labirinto, numa enorme busca que certamente acabará nos pais também. Se os pais se posicionam, o resultado final certamente é a mudança dos filhos. Assim acontecendo, a paz dentro de um lar certamente é bem-vinda e aceita. Os filhos se tornam obedientes, maridos e esposas vivendo da melhor maneira possível, e os gritos, as discussões, as ofensas acabam dentro de uma casa. Tudo isso é substituído por um diálogo franco e aberto, que certamente trará resultados satisfatórios para o bem de todos. Um vai compreender o outro, aceitando-o com seus limites e diferenças, pois isso realmente é um relacionamento saudável.

A autoridade quando imposta não é aceita, mas quando desenvolvida, funciona e gera frutos. Acontece como em uma semente lançada numa boa terra adubada. Se for bem regada, gerará uma bela e linda árvore que irá produzir frutos saudáveis e satisfatórios ao paladar. Quero dizer que se você tiver a capacidade de dialogar em certas situações com seus filhos, irá acontecer uma mudança no caráter deles, e certamente esses filhos irão repassar suas atitudes aos filhos deles etc. Primeiro veem a estrutura, e como funciona esse sistema, quais são as regras e normas dessa casa. Quando elas são claras, vem a negociação entre pais e filhos. Se todos fizessem isso, hoje teríamos uma sociedade mais justa e gentil, com menos mortes e violência. Pois, afinal de contas, o profeta dizia que "*Gentileza gera Gentileza!*". A autoridade quando bem trabalhada e administrada, é reconhecida de uma forma automática e os frutos, os resultados são bons. Assim a obediência e a submissão dos filhos aos pais chegam como consequência. O autoritarismo não é reconhecido, pelo contrário, ele é reprovado, questionado, criticado, não obedecido e, acima de tudo, rivalizado. Lembre-se: uma ação gera uma reação, seja ela boa ou ruim. Depende somente de você! Como pai e mãe, você quer o sucesso ou o fracasso total? Creio que você quer o sucesso total, então vamos arregaçar as mangas e colocar a mão no arado, pois esse é apenas o começo. Continue e não desista; se continuar cavando, ainda que suas mãos fiquem machucadas, ásperas e com calos, no final do túnel você achará luz em meio à escuridão, achará a mina de ouro, pois hoje seus filhos são pedras brutas, mas se trabalhar no caráter deles, você se surpreenderá, pois verá uma linda pedra preciosa.

Não existe curso para ser pai. Se todos os filhos pensarem dessa forma, ficará muito mais fácil se relacionarem com seus pais. Se eu tivesse o discernimento que tenho hoje, há alguns anos, meu relacionamento com meus pais certamente teria sido bem melhor. Mas não olho mais para o ontem, porém faço hoje tudo o que nunca fiz para poder curtir mais os meus pais. Nem todos são pais, mas na verdade todos são filhos. Temos que olhar para trás na história. Devemos ir por detrás dos bastidores e começar a investigar o porquê de certos pais agirem de tal forma. Lembra do princípio de que ninguém pode dar o que não tem? Esse é um princípio básico, e se um pai ou uma mãe não trata bem seus filhos, sem medo de errar digo que essa situação acabou virando um ciclo vicioso. Acontece como uma bola de neve que vai descendo e descendo e deve ser detida antes que chegue ao seu destino final e destrua o que estiver em sua frente: VOCÊ! Você que é filho e já foi muito destruído verbal e até fisicamente, quer continuar assim? Você que é pai/mãe, e agora tem a consciência de quanto já destruiu sua família, quer continuar assim? Podemos agora colocar um fim nessa situação a fim de que todos possam se relacionar de maneira sadia. Pais e filhos se amando, e sem ofensas! Continue lendo e ao fim desse capítulo teremos uma declaração, que irá te encorajar a mudar. Prepare-se, só depende de você!

Se você que é filho aceitar o confronto, o desafio da dinâmica de como ter um bom relacionamento com seus pais, esse ciclo vicioso, essa maldição de maus-tratos acaba em você, e a partir de agora você terá a chance, a oportunidade de um dia fazer tudo diferente com os filhos que vier a ter. Terá a oportunidade de escrever uma nova e linda história em sua família. Mas como sair dessa situação que já é velha e ultrapassada e ir para um novo momento de paz, amor e união em família? Tenho que fazer de conta que nada aconteceu? Obviamente que não! Crescer dói, mas não mata, e só crescemos quando encaramos a verdade e sem olhar para trás, e isso é um confronto: prepare-se para ele! Mas só encarar não adianta, você tem que encarar, analisar, aceitar e mudar. Lembre-se que a mudança é um processo, então, não se desespere, pois existe, sim, um jeito para você. A teoria inata de Platão diz que "pau que nasce torto nunca se endireita", mas quando conhecemos a verdade, podemos sim mudar a nossa postura em relação à situação vivida no momento. Mesmo conhecendo a verdade, você só não vai mudar se não quiser, porém continuará a ter relacionamentos desgastados, falidos e fracassados se não decidir por uma mudança. Uma mudança é um estilo de vida; mudar é uma escolha sua, as pessoas que o amam, ou mesmo um profissional da área, podem lhe ajudar, mas o querer tem que ser primeiramente seu.

Diante da verdade, quando olhamos para trás, estamos buscando justificativas para o erro que cometemos. Queremos na verdade ficar onde estávamos, quando decidimos olhar para trás e nos lamentar por isso ou aquilo. Quem se justifica, não está curado e nem preparado para encarar a vida, ou seja, não está preparado para entrar em qualquer relacionamento. Mas agora você quer a verdade e não mais a mentira, por mais que doa você não mais vai buscar justificativas, pois elas são os curativos para a ferida e não a cura. A verdade é como uma injeção, um remédio amargo, dói, mas cura e traz a solução. Você quer ficar curado, livre dessa ferida de maus-tratos, por isso o melhor remédio é a verdade. A verdade também dói, mas também não mata. E agora? Um machucado tem que ser tratado e curado, e para isso temos que deixar o médico colocar o dedo na ferida para limpá-la e, assim, ela ser desinfeccionada e fechada, ou seja, curada! Começa então o processo até que a ferida se feche e fique totalmente curada. Pode até ficar uma marca, uma cicatriz, porém, toda vez que você olhar para essa marca, não sentirá mais dor, mas sim um alívio dos abusos e maus-tratos.

Quando diante de uma situação nos deparamos com a verdade, seja ela qual for, entramos no luto, e ele é permissível, pois faz parte do processo, um dia terá de sair dele e esse será o momento de então olhar para a cicatriz e a dor não será mais a mesma, ou seja, nem existirá mais dor! Será capaz de ver o quanto evoluiu no seu relacionamento familiar, com os demais e como pessoa. Poderá ver, claramente, quem você era e quem você é hoje e sentirá uma grande satisfação em ver que superou toda aquela situação. Você estará livre da dor, pois ela já não lhe pertence mais. A cura, a solução existe, ela pode ocorrer de imediato, ou pode acontecer como um processo progressivo. Entre nesse processo e creia que ainda que você não veja o resultado de imediato, ele vai chegar, pois afinal de contas você encarou, analisou, aceitou e a mudança está a caminho. Se posicione, pois há jeito sim para você!

Em um próximo capítulo falarei sobre perdão, mas para fechar esse momento de cura, ainda nesse capítulo, vou falar um pouco sobre perdão.

Perdão = abrir mão de, Independente de...

Perdoe os seus pais, pois *eles não sabiam o que faziam*! Não olhe para eles com dor e mágoas, pois eles só repetiram com você aquilo que fizeram com eles. Um dia eles fizeram e lhe deram o melhor que tinham e podiam. Se o machucaram, apenas perdoe-os! Deixe Jesus entrar nesse circuito e começar a fazer um processo de cura e restauração em sua família. Não os culpe, mas assuma também a responsabilidade que cabe a você, pois todos nós erramos. Deus levará essa responsabilidade a seus pais a fim de que reconheçam suas falhas e onde erraram com você. Seja diferente, faça a diferença na sua casa. Para que tudo mude, alguém tem que dar o primeiro passo, e esse passo, certamente, pode ser o seu. Se assim acontecer, haverá perdão de ambas as partes e a paz, o *shalom*, habitará no seu lar para sempre.

Para vocês pais, perdoem seus filhos, pois *eles não sabiam o que faziam*! Na verdade eles fazem o que fazem para chamar a sua atenção. Se você falhou ou faltou como pai e mãe, ele sentiu essa falha e falta, e para chamar a sua atenção usou de uma rebeldia sem causa, sendo então o centro das atenções, para atraí-lo para si, para assim ser, *ainda que da maneira errada*, o centro da atenção dos pais que não ligavam. A pior coisa é você ser filho e ter um pai ou mãe presente, mas ausente. Então, o que resta aos filhos é de uma forma ou de outra (*consciente ou inconsciente*) chamar a atenção desses pais que estão todos os dias em casa, mas não dão uma palavra sequer; não faltam com a comida, escola, presentes e brinquedos, mas faltam com o diálogo, amor, carinho e atenção, com o toque e com o afeto. Na verdade, em muitos casos, os filhos são vítimas. Procure entender seus filhos, veja onde errou e pelo menos tente mudar. Ao aceitar sua parcela de erro, você estará dando o primeiro passo que só cabe a você. Na verdade você já andou 50%, insista e conclua para poder chegar a um nível de sucesso total, obtendo a confiança, o carinho e o respeito dos seus filhos. Tanto os pais como os filhos não sabiam que o que faziam ia prejudicar, traumatizar e deixar sequelas. Não focalize a sequela, mas sim a cura, a restauração que está chegando se ambas as partes aceitarem e quiserem a mudança. Perdoem-lhes, eles não sabem o que fazem!

Muitas pessoas não entram em novos relacionamentos, porque ficam com medo de saírem decepcionadas e machucadas mais uma vez. A verdade é que temos que conviver com outras pessoas. O tempo todo estamos nos relacionando, e temos que entender que, se não somos perfeitos, certamente decepcionaremos e seremos decepcionados. Vai encarar ou anestesiar? E quando essa decepção acontecer, o que faremos com ela? Nesse momento, podemos exercer o perdão com a certeza de que estamos abrindo mão de críticas e julgamentos, pois, como já dito em um capítulo anterior, é fácil justificarmos os nossos erros, mas e o que fazemos quando o outro erra? Os colocamos na cruz, na fogueira, na forca, julgamos de todas as maneiras. Não aceitamos o seu erro e o punimos. Tomamos o lugar de Deus, parecemos até que somos o justo juiz, e começamos a julgar e consequentemente punimos – que pecado!

Não julgueis para não serdes julgados, pois com o critério que julgardes, sereis julgados; e com a medida com que tiverdes medido vos medirão também. Por que vês tu o argueiro no olho de teu irmão, porém não reparas na trave que está no teu próprio? Ou como dirás a teu irmão: Deixa-me tirar o argueiro do teu olho quando tens uma trave no teu? Hipócrita, tira primeiro a trave do teu olho e então verás claramente para tirar o argueiro do olho de teu irmão.

Mateus 7:1-5

Entendeu? Nossas ações produzem reações, vão e voltam na mesma velocidade. Quando julgamos, seremos julgados também. O processo natural da vida é que tudo o que plantamos, colhemos! Nossas ações são como um *boomerang*: vão e voltam. Se eu for uma pessoa grata e boa, receberei de volta bondade e gratidão, se eu for injusto e caluniador, certamente receberei injustiça e calúnias. Lembre-se bem de uma coisa: as pessoas só vão fazer algo com você, se você permitir, entendeu? Aquilo ou aqueles que eu não domino, me dominam!

Minha avó paterna cuidava de sua sogra. Minha bisavó, já com uma idade avançada, dava muito trabalho, mas minha avó foi capaz de cuidar dela em sua própria casa mesmo com todas as dificuldades que ela apresentava. Certa vez, minha avó teve um problema de saúde e ficou internada. Minha mãe não mediu esforços para acompanhá-la ao hospital etc. E minha avó numa forma de gratidão foi capaz de reconhecer que o que fez durante anos com sua sogra naquela ocasião, agora, sua nora (*minha mãe*) lhe retribuiu da mesma forma. Está vendo? O que vai, certamente volta, podem passar dias, meses ou anos, mas voltará na mesma medida: sacudida, recalcada e transbordante. Mas e se você faz o bem para com determinadas pessoas e elas agem de maneira contrária em relação a você? Será que vale a pena acreditar que, mesmo assim, teremos a recompensa de nossos bons atos? Claro que sim, vale a pena acreditar, pois, mesmo que você faça o bem e o outro a quem você ajuda não reconheça isso, olha o que Deus diz para você: "*Não esmagará a cana quebrada, nem apagará a torcida que fumega; em verdade promulgará o direito. Não desanimará nem se quebrará até que ponha na terra o direito.*" Isaías 42:3-4. Na versão VIVA diz assim: "*Ele* (Jesus) *mostrará amor aos fracos* (a você que faz o bem e não o recebe de volta) e dará força aos desanimados (você que pensa em desistir, ou já desistiu de fazer o bem, e não acredita em mais ninguém). *Fará completa justiça a todos os que foram prejudicados* (trará grande e sublime recompensa aos que ainda não receberam sua parte, sua recompensa em sempre ter feito o bem)".

A capacidade de perdoar vem em primeiro acreditar que é um mandamento, ao qual obedecemos pela graça. Ao reconhecer essa condição, podemos recorrer a Deus para que Ele ministre em nosso coração para que perdoemos de fato aquele que nos magoou, aquele que nos feriu direta ou indiretamente. Sendo assim, colocamos em prática esse mesmo mandamento que até então era uma Teoria. Temos que ter disposição para perdoar, pois o perdão é uma atitude e não meras palavras. Perdoar é um ato sublime, mas nem todos têm essa sabedoria e disposição. Uma pessoa sábia é sensível a ponto de perdoar, pois sabe se colocar no lugar do outro.

Quando nos colocamos no lugar do outro fica mais fácil de entendê-lo e ajudá-lo. Será que você está disposto a tomar essa atitude? Entender e ajudar o outro? Apenas críticas e julgamentos não fazem a diferença. O que vai fazer a diferença para que o outro mude é a atenção que você dará, o cuidado em querer ajudá-lo em sua dificuldade, mesmo que a dificuldade dessa pessoa o prejudique. Infelizmente, hoje em dia, muitas pessoas encontram mil e uma dificuldades para se relacionarem, e é nesse momento que elas erram feio, nós a julgamos ao invés de ajudá-la a superar tal dificuldade. Muitas pessoas preferem ter mágoas de estimação. Quando ouvem falar simplesmente o nome de tal pessoa que falhou, começam com aquele lamento, as críticas, as acusações e assim vão. Se dispa dessas mágoas, rancores e ressentimentos, não há mais tempo para isso. Pare de ruminar aquilo que prejudica e danifica a sua alma. Rumine o amor e não mais o sentimento, o ato negativo que essa pessoa fez com você. Se ela não é capaz de lhe pedir perdão, mesmo assim perdoe, pois você se mostrará uma pessoa sábia e o ato de perdoar irá beneficiar você em primeiro lugar.

Certa vez li na Bíblia de uma amiga (Luciane Tenório), uma anotação sem autoria sobre perdão, e achei superinteressante. Resolvi colocar aqui, especialmente para você, a anotação:

O que pede perdão mostra que ainda crê no amor;
Quem perdoa mostra que ainda existe amor;
Perdoar é o modo mais sublime de crescer
Pedir perdão é o modo mais sublime de se levantar!

Coloque Limites

Sou fã de carteirinha da Cris Poli, a Supernanny. Quando olhamos no início do programa aquelas crianças bagunceiras e malcriadas, temos vontade de sair correndo, mas se continuarmos assistindo, veremos que na verdade elas são assim por causa do comportamento dos pais. Muitos pais são presentes, mas ausentes. O pai como provedor da família passa o dia no trabalho, isso é muito bom, mas quando chega a sua casa, ele logo quer dormir e descansar e acaba não passando um tempo de qualidade com os filhos, essa tarefa sempre fica para mãe. Sendo dona de casa e mãe (*muitas têm mais de três filhos*) a mulher acaba ficando, estressada com tantos afazeres, filhos para cuidar, e um marido que não se torna seu cúmplice. Eu já vi casos em que o marido parece ser filho da esposa; pode isso? Não deve, mas acaba acontecendo! Essa mãe se torna uma histérica, gritando o tempo todo com os filhos, tentando fazer tudo e acaba por não fazer nada e aí o que acontece? Os filhos acabam se inspirando nos pais. Os pais têm um grande poder de influência sobre os filhos e não sabem disso, influenciando-os de maneira totalmente negativa. Os pais são como um espelho para os filhos. Sem respeito, autoridade e disciplina, a casa fica uma desordem total. Então a opção que resta é chamar a Supernanny. Ela chega com a função de ser mediadora entre os pais e os filhos e em muitos casos, entre o marido e a esposa, pois o trabalho fundamental é com eles e, consequentemente, com as crianças. Hoje em dia, parece que virou moda ter que chamar a Supernanny: ainda bem que ela existe! Tem a Cris Poli, a Jô Frost, o *SOS Babá*, *A encantadora de crianças* etc. Vários programas, no estilo *talk show*, que têm ajudado muitas famílias. Já vi casos em que as crianças precisam de limites e corretivos, mas na maioria das vezes o trabalho mesmo começa é com os pais. O impressionante é que quando eles mudam a sua postura, como consequência vem também a mudança dos filhos, pois automaticamente os filhos também mudam.

Gosto do programa quando chega o momento do confronto. De início, a Nanny fica observando tudo, até que ela chama os pais para uma conversa: "o confronto". Podemos ver que realmente acontece o que já citei anteriormente aqui no livro. Nesse momento, um joga a bola pro outro, mas não assumem a responsabilidade que lhe cabe. Podemos ver mães que logo se emocionam e choram, porque aquele confronto foi como um divisor de águas, e, a partir daquele momento, elas passam a ver e a fazer tudo diferente. Já os pais são mais insensíveis, muitos são assim por serem machistas, e acabam não aceitando, mas também existem aqueles que reconhecem a sua parcela de erro e começam a correr atrás do prejuízo. Passam a ser colaboradores da esposa na reeducação dos filhos e conseguem obter sucesso. Creio que com o término do programa eles adotam, as regrinhas que fazem toda uma diferença. Já vi pais que não aceitaram nada do que a Nanny orientou e como resultados continuam com filhos rebeldes e malcriados. Que coisa feia!

A águia quando tem seus filhotes, os leva para os altos montes. Quando eles já estão numa certa idade, ela os desafia a voar. Pega seus filhotes pelo bico e os solta no ar, rapidamente ela desce e os pega de novo, e sobe e os solta novamente, e assim vai até que eles aprendam a voar sozinhos para seguirem seu destino. É duro ter que liberar o filho para a vida secular, ainda mais nos dias de hoje, mas isso é preciso, faz parte do processo natural da vida. Pais, assim como a mamãe águia, aprendam a ensinarem seus filhos o caminho bom a seguir, e os soltem para que eles voem o voo solo da vida. Se sempre os orientarem para o que é bom vão obter sucesso total, mas se fizerem de maneira diferente, o resultado já é notório.

Ensina a criança o caminho em que deve andar,
e ainda quando for velho, não se desviará dele.
Provérbios 22:6

Ensine seus filhos a amar e perdoar. Ensine-os a respeitar autoridades eclesiásticas ou seculares. Ensine-os a repartir o pão, ensine-os a amar o próximo, ensine-os a guardar os mandamentos de Cristo, ensine-os muitas coisas boas. Ensine e não se canse de ensinar, porém se você não notar logo um resultado imediato, não desanime, pois a semente foi plantada. Resta, agora, regar essa semente com oração (palavras benditas) e ações (atitudes). Espere no Senhor, pois seu filho irá crescer e se lembrará de tudo o que os pais (vocês) ensinaram. Não desistam, mas persistam e invistam, e no tempo oportuno colherão os frutos de todos os ensinamentos.

Todos nós desejamos ser amados e aceitos por nossos pais, e nossos pais desejam também ser amados e aceitos por nós que somos filhos. Por isso é importante que haja um bom diálogo e junto com ele uma mudança, para que ambos possam se relacionar em paz, respeitando-os um ao outro.

Para fechar esse capítulo com chave de ouro, deixarei um recado para filhos e pais e a declaração, compromisso de mudança.

> Filhos: "obedecei a vossos pais no Senhor, pois isso é justo. Honra teu pai e tua mãe (que é o primeiro mandamento com promessa) para que te vá bem, e sejas de longa vida sobre a terra".

Pais: “Não provoqueis vossos filhos a ira, mas criai-vos no Senhor”.

Declaração de mudança, atitude e compromisso

“Eu, pai, declaro e faço um compromisso comigo mesmo de que não maltratarei mais minha família ou meus filhos. A partir de hoje, assumo a responsabilidade que está em minhas mãos de que sou cabeça do lar e que serei um bom pai, marido e também um bom filho. Irei dialogar e não gritar, abençoar e não amaldiçoar, questionar e não impor, ouvir e entender, amar e, como consequência, ser amado. Não vou mais provocar a ira dos meus filhos, mas irei construir uma troca, baseado no amor respeitando suas individualidades. Construirei indivíduos onde reconhecerei e trabalharei as diferenças e, assim, o respeito mútuo. Declaro que serei exemplo e não vergonha para a minha família. Meu Deus me ajuda a cumprir e honrar essa declaração de mudança até o fim. Amém! ”

“Eu, mãe, declaro que cuidarei com excelência dos filhos que o Senhor me deu, pois eles não são meus. Cuidarei com amor e carinho, os incentivarei a crescer e amadurecer, e no momento deles partirem, os soltarei para que voem sozinhos, rumo à construção de sua própria família. Eu os libero para que sejam bons pais e mães, maridos e esposas, genros e noras; os libero para prosperarem em todos os sentidos. Desligo agora toda influência que me prende aos meus filhos através do cordão umbilical emocional. Nesse momento eu corto com a espada de dois gumes, para que meu filho [*repita o nome todo*] cresça, amadureça, apareça e gere bons frutos; frutos saudáveis em sua nova família e todos os níveis de relacionamento. Abençoo também meu genro/nora e a nova família que ganhei (*ou ganharei*). Declaro que como família, será uma benção, uns para com os outros. Ajuda-me Senhor a cumprir, a honrar essa declaração até o fim. Amém! ”

“Eu, filho, declaro que serei mais obediente aos meus pais para que sejam longos os meus dias na Terra, para que, assim, eu possa desfrutar das promessas de Deus para a minha vida em todos os sentidos. Declaro que não serei mais rebelde e desobediente, mas honrarei meus pais acima de tudo, e mesmo quando eu não entender ou aceitar, não gritarei nem baterei mais a porta, mas sentarei para dialogar com meus pais e, ouvindo-os, os obedecerei independente de qualquer coisa. Declaro que assumo a minha responsabilidade, a parte que cabe a mim para que a paz reine na minha casa, para que Deus esteja presente na minha família, e que a minha casa seja um lar doce lar. Serei um exemplo para meus irmãos e para todos os filhos que são rebeldes. Ajuda-me Senhor a cumprir, a honrar essa declaração até o fim. Amém! ”

LAR – LEALDADE, AMOR E RESPEITO

Esses são três princípios básicos para que haja paz em um relacionamento entre pais e filhos. Caso contrário haverá gritaria, rebeldia, intolerância, agressividade dentro de uma casa.

No capítulo anterior destacamos o pai quando falamos de pais autoritários. Nesse capítulo falaremos da mãe e da sogra, uma vez que muitas protegem seus filhos ao extremo, e as sogras atormentam as noras e os genros.

Mães superprotetoras

Para você *mamãe* que resolveu assumir ser a superprotetora, o cordão umbilical entre você e o seu *filhinho* já foi cortado! E está na hora de dar à luz ao processo de separação entre você e o seu filhinho, justamente porque ele precisa crescer e amadurecer para poder viver. O corte do cordão umbilical é um sinal, um passo para isso. Esse corte aponta para o crescimento e mostra claramente que você, mamãe, não poderá estar o tempo todo com o seu bebê que crescerá 24 horas por dia. Tenha sido parto normal ou cesariana, o cordão umbilical já foi cortado! Isso significa que o filho é seu, mas não é! Ele é seu, nasceu de você, pois Deus colocou em seu interior a semente da maternidade, para que você pudesse gerá-lo por nove meses e quando nascesse fosse uma boa e exemplar mãe. Contudo existe toda uma vida profissional e secular, e você não pode prender seu filho numa redoma de vidro, ou simplesmente debaixo de sua saia. Se assim o fizer, ele crescerá sem anticorpos, sem imunidade, e quando chegar a hora de ele ir para o mundo, para o dia a dia, estará sem defesa e conhecimento da vida, e a escola da vida é cruel. O processo do corte do cordão umbilical acontece porque as fontes de energia começam a se bloquear, então, há necessidade do oxigênio (*liberdade*). Isso implica em dizer que seu filho não precisa mais totalmente de você; ele terá que aprender a depender, contar com outras pessoas, pois a vida é assim. Dependemos e precisamos de muitas outras pessoas e não só de uma, isso é relacionamento. Devemos ter um canal de comunicação aberto com muitas outras pessoas ao mesmo tempo, pois se escolhermos nos relacionar somente com uma pessoa (*mãe*) não seremos mais humanos, porém robóticos, a vida será uma rotina, uma coisa mecânica e seremos pessoas totalmente sem graça. Dê liberdade para seus filhos, liberdade com responsabilidade, é claro! O cuidado é muito bom, já o exagero não é saudável, pois muitas vezes aprendemos quando somos desafiados. Até a morte, estamos neste processo de aprendizagem.

Quando não somos prudentes, acabamos pagando o preço e, na maioria das vezes, caríssimo. Ouvi o caso de uma mãe que não abençoou seu filho para o casamento, pois ela tinha ciúmes da nora – parece até cena de novela das 20 horas, mas é real. Claramente ela não o liberou para seguir e fazer o voo solo que é uma coisa normal na vida de todo ser humano, mas o filho se casou. Não demorou um ano e o filho estava separado e de volta à casa da mãe como se nada tivesse acontecido. A superproteção gerou um ciúme doentio, uma manipulação emocional da parte da mãe, e a infelicidade na vida desse rapaz e daquela que subiu ao altar. Que decepção!

Esse filho voltou para uma posição que, na cabeça da mãe, ele nunca devia ter saído, ou seja, a barra de sua saia. A verdade é que ele também não cortou essa linha, essa total dependência para com sua mãe. Ele poderia ter colocado uma fronteira, um limite entre seu casamento e a influência de sua mãe.

Repito, para tudo tem que existir *um equilíbrio*, nesse caso o cuidado foi demais e estragou. É como se houvesse uma "linha fina" entre o filho e a mãe. Apesar de já estar casado, emocionalmente ele ainda estava ligado à mãe de uma forma não normal, mas doentia. Essa linha fina existe, a Ciência e a Física Quântica já comprovaram isso como uma realidade. Em seu livro *Desmascarando as Seduções*, o autor Gary Greenwalt fala sobre o poder da linha fina entre casais; você já parou para pensar o porquê de hoje estar casado, mas ainda lembrar-se de relacionamentos de anos atrás como se fosse hoje? Talvez você já esteja em um novo relacionamento, e quando está com a companhia atual, a sua memória desperta com um "insight" e logo você começa a lembrar de uma pessoa com a qual se relacionou há 10 anos... Vem em sua mente o famoso "flashback" e a partir de então a imagem dessa pessoa fica piscando em sua mente como um dente lateja na boca quando inflama. Isso é muito sério, pois existem homens e mulheres que praticam o ato sexual com seus cônjuges, e na verdade, pensam, imaginam-se em relacionamentos antigos numa intensidade forte, violenta e avassaladora – cuidado, pois o sexo é uma aliança espiritual que une as pessoas. Isso não é normal, e nem aceitável num relacionamento. Recomendo uma terapia para quem sofre com isso. Quem passa por essa situação acaba ficando atormentado, pois é algo inconsciente que desperta e fica na mente latejando, latejando. É preciso uma renúncia, um desligamento verbal entre você e a pessoa com a qual está sendo atormentado como um fantasma. Não tenha vergonha dessa situação, mas busque ajuda, existem psiquiatras, psicólogos, e psicanalistas maravilhosos que vão lhe ajudá-lo a livrar-se desses fantasmas que tanto o atormentam. Busque ajuda antes que essa situação provoque uma separação entre você e seu cônjuge.

A Sogra

Podemos ver como um belo exemplo de mãe superprotetora a personagem "Viola Fields" interpretada pela atriz Jane Fonda no filme *A Sogra*. Ela é uma apresentadora famosa de televisão, seu filho é um médico, e ambos são ricos. Ele se apaixona por uma simples garota que tem como profissão ser *babysitter* de cachorros. Sendo também uma desenhista, ela é simples e humilde. Um belo dia seu namorado resolve apresentá-la a sua mãe, e aí começa o problema, uma disputa é travada entre duas mulheres pelo mesmo homem: a futura esposa com aquela que será a sua sogra. No decorrer do filme acontecem mil desentendimentos quando *a sogra* simula doenças e mil e uma situações para ver se a *nora* desiste de seu filho. Em um determinado momento a moça descobre que *a sogra* está mentindo e começa a jogar no mesmo nível dela.

Um confronto começa a ser vivido, a mãe do rapaz é dura na queda e não desiste de ser o calo no sapato de sua futura nora, e esta também treme na base, mas não se permite cair e começa a jogar tão pesado quanto a sogra. Um confronto é notório, e eu não quero ser um estraga prazer, mas no final do filme uma pessoa importante surge em cena: *a sogra da que é futura sogra*, ou seja, a avó do rapaz. Claramente, ali, podemos ver que realmente acontece o ciclo vicioso do qual já falamos, pois a sogra faz com a futura nora tudo o que um dia sua sogra fez com ela.

Ser confrontado é inevitável, mas aceitar o confronto é o *xis* da questão. Essa futura sogra é confrontada quando sua sogra, diante da futura noiva, expõe situações de seu passado. Esta, por sua vez, não tem saída porque seu filho realmente está apaixonado pela pessoa a quem ela detesta, seu filho está apaixonado pela mulher que irá levá-lo embora. Ali um divórcio teve que acontecer entre mãe e filho. Finalmente o cordão umbilical foi cortado e a dependência dessa mãe para com o filho se quebrou e ele se casou. Creio que *Viola* refletiu sobre tudo o que sua sogra lhe falou, creio até que diante do que ouviu, foi capaz de lembrar-se de tudo o que sua sogra lhe fazia e o quanto era ruim ser tratada daquela forma. *Viola* se colocou no lugar de sua futura nora e viu o quanto é ruim ser tratada daquela maneira. Ora, se ela não gostou de ser tratada assim, por que tinha que tratar outras pessoas da mesma maneira? Será que você faz isso com alguém? Ela foi capaz de se colocar no lugar de sua futura nora e viu que aquela não era a maneira certa de agir. E para o bem dos expectadores, e final feliz de uma sessão de cinema, ela mudou e seu filho se casou e, como recompensa, ela pegou o buquê!

Seja qual for a situação que você esteja vivendo, pare e pense se é justo você agir como age, seja lá com quem for. Lembre-se: não faça com o outro, o que você não gostaria que fizessem com você! Lembre-se também que nossas atitudes geram consequências de acordo com a intenção com a qual agimos. Nossas ações automaticamente geram reações. Sua ação tem efeito *boomerang*: o que você fizer com qualquer outra pessoa voltará para você com a mesma velocidade em que foi. Se você está errando, massacrando, fazendo o outro sofrer, mude o seu foco para que possa se relacionar de maneira sadia e satisfatória para o bem de ambos, pois quem planta vento, colhe tempestade! Rivalidade entre nora e sogra é real, rivalidade entre pessoas diferentes, existe de verdade, porém não é saudável essa situação para um bom relacionamento.

Por isso deixa o homem pai e mãe, e se une à sua mulher,
tornando-se os dois uma só carne. Gênesis 2:24

Deus não é o anjo cupido, e nem deu um palpite para unir duas pessoas, mas em outras palavras, Ele disse que o processo natural da vida seria o homem deixar sua casa (*pai e mãe*) e se unir, casando-se com uma mulher de seu agrado. Assim, os dois juntos estão aptos a constituir uma nova família e serem felizes para sempre. Em outra passagem, agora no Novo Testamento temos:

> *Mas desde o princípio Deus fez o homem e a mulher para se unirem permanentemente no casamento: portanto o homem deve deixar o pai e a mãe, e ele e a esposa estarão unidos de tal maneira, que não são mais dois, porém uma só pessoa. E nenhum homem* (qualquer pessoa*) pode separar o que Deus uniu.* Marcos 10: 7-9 (versão VIVA)

Podemos ver que um versículo completa o outro, pois um diz que "desde o princípio Deus fez o homem e a mulher para se unirem permanentemente no casamento". Deus une duas pessoas para juntos serem uma para a outra, pois este é o propósito de Deus ao homem ao construir uma família, cabe ao mesmo manter este propósito. Deus ama ver duas pessoas juntas se relacionando. Quando Ele diz "permanentemente" é o mesmo que "para sempre", e isso implica em dizer que, quando casados, nenhum dos dois deve voltar para a casa dos pais. Eu sou contra o divórcio, pois já sabemos que para todo problema há uma solução. Se você faz parte do problema, logo faz parte da solução também, pois não existem problemas insolúveis. Se você foi capaz de se envolver com um problema conjugal, *ou não*, certamente tem a capacidade de resolvê-lo. Talvez esse problema conjugal seja uma traição. E se houver uma traição, para ela tem solução? Creio que sim, cabe ao casal sentar e dialogar. Atire a primeira pedra quem nunca errou, atire a primeira pedra quem nunca traiu! E quando falamos de problemas conjugais, logo pensamos no divórcio. Já falamos sobre isso, lembra?

Muitas pessoas se casam e se separam como trocam de roupa. Em minha opinião – ela é minha, não quero convencê-lo – o divórcio deve ser a última opção da lista. Quando realmente o casal chega à conclusão de que não há mais jeito – mas para Deus sempre tem, pois Ele ama o impossível e não aprova o divórcio (Mateus 19: 3-9) – para que acabem as brigas, aí, sim, pode se pensar nessa opção. Caso contrário, para tudo se tem um jeito especial de resolução: até mesmo para evitar o divórcio! E *em briga de marido e mulher, ninguém deve meter a colher*, assim dizem!

Realmente, o que Deus uniu o homem não deve separar, mas quando existe um laço que une duas pessoas, um bom diálogo resolve a crise do momento. Nesse caso citado, ele logo se separou e voltou para a casa da mãe, mas também existem casos de homens e mulheres que permitem que suas mães comandem seu casamento. O homem ou a mulher se casa, mas quem dá a ordem de comando em sua casa é a mãe dele e não ele e vice-versa. A mãe sempre decide tudo, ou tudo o que ele faz ou pensa fazer, tem que ter uma opinião, aprovação e decisão de sua mãe. Se a mãe gostou e aprovou, ele faz; caso contrário: não faz. A esposa ou o marido coitado ficam a ver navios, muitas vezes sofrem com uma sogra que se intromete e inferniza o seu casamento. Também existem esposas que não compartilham nada com seus maridos, mas com suas mães, aí é a vez de o marido ter uma sogra que se intromete e inferniza o casamento. Mas nem todas as sogras são assim, ainda que digam ser difícil, existem sogras que são uma bênção na vida do casal.

Existem casais que não se casaram em Deus, e é muito comum ver o concubinato, ou seja, pessoas que vivem maritalmente sem estarem casadas legalmente. Logo ao ingressarem em uma igreja, essas mesmas pessoas podem optar por casar-se não só perante a lei, mas também no que diz respeito ao religioso. Sendo assim, começa então a montagem do quebra-cabeça, esse casal começa a se encaixar dentro dos moldes de um casamento cristão, adquirindo conceitos e princípios que encontramos na Palavra de Deus, ou seja, na Bíblia.

Pais, vocês são autoridade espiritual na vida de seus filhos, mas isso também não é motivo para fazerem de seus filhos uma marionete, pois eles possuem também o direito de escolha. Se seu filho vai tomar uma atitude que é um absurdo, você pode e deve intervir, caso contrário mostrará ser um pai omisso, e depois que um ato é consumado, muitas vezes, fica difícil contornar a situação, e mesmo assim, a escolha é dele e não sua! Em toda e qualquer escolha, sempre é possível fazer uma curva em um momento qualquer do caminho escolhido, sendo sempre possível refazer esse caminho. Mas não se esqueçam de que cada criança é um indivíduo que se tornará um adulto, e seu caráter está em formação até completarem sete anos de idade.

Dizem que caráter se tem ou não, mas que a índole já nasce com a pessoa, porém quero dizer-lhe que você como pai ou mãe forja o caráter de seus filhos. Ao defender a teoria inata, o filósofo Platão dizia que o sujeito, já trazia com ele determinadas características. Descartes o rebateu quando ao defender a teoria empírica dizia que o sujeito é moldado, forjado pelo meio em que vive. Particularmente creio na segunda opção, já que algumas teorias da Psicologia nos dizem que o caráter de uma criança tem uma formação final, cronologicamente falando, aos sete anos de idade. E a própria Psicanálise nos dá respaldo, ao tratar em uma análise o inconsciente e a infância. No que diz respeito a caráter e a personalidade, cada filho construirá o seu, pois você pode ter dois filhos homens e um gostar de futebol e outro não, um pode gostar de música clássica e o outro de *rock and roll*, e isso é personalidade. Na personalidade entram também os temperamentos; um pode ser hipermelancólico e o outro supersanguíneo e assim vai. Agora, o caráter, cabe aos pais modelarem, desde quando os rebentos forem bem pequenos ainda, para que se tornem pessoas de bem, em prol de suas famílias, amigos e sociedade.

Assim como Descartes, o psicólogo John Locke defendeu a criança ser como uma tábula rasa, sem forma; como uma folha de papel em branco onde seus pais – ou tutores – davam uma forma ou escreviam informações. Isso influencia. #FORTEDICA!

Abençoe seu filho

Na cultura Judaica, toda vez que um filho passa por seu pai é abençoado; todas as vezes que os filhos saem de casa, eles pedem a bênção. Bênção para sair, bênção quando chega bênção para dormir, bênção quando acordam. Os mais antigos acostumaram os filhos com essa prática. Na minha família todos pedem a bênção nessas ocasiões, e certamente passarei essa tradição aos meus filhos também. A bênção do pai para o filho é algo sério, real, necessário e importante. Não existe meio termo, quando não abençoamos, amaldiçoamos. O que você está fazendo com seus filhos? Está proferindo bençāo ou maldição?

Com ela (a língua) *bendizemos ao Senhor e Pai; também com ela, amaldiçoamos os homens, feitos à semelhança de Deus: De uma só boca procede à bênção e maldição. Meus irmãos, não é conveniente que essas coisas sejam assim. Acaso pode a fonte jorrar do mesmo lugar o que é doce e o que é amargoso?* Tiago 3:9-11

Acaso podem os pais abençoar de um lado e amaldiçoar de outro? Certamente que não, porém muitos agem dessa maneira para com seus filhos, provocando a ira. E quando a ira é consumada, os resultados são péssimos.

[...] <u>o que sai da boca</u> do homem é o que contamina!
Marcos 7:15c

[...] porque a boca fala do que está cheio o coração.
Mateus 12:34c

Na versão da Bíblia Viva, o mesmo versículo:

Pois o coração do homem determina o que ele fala. A palavra de um homem bom revela os ricos tesouros do seu íntimo. Um homem de mau coração está cheio de veneno e sua palavra revela isso.
Mateus 12:34-35

Pensamentos geram comportamento e consequentemente atitudes. Se no momento de raiva, por exemplo, você liberar palavras más, que entrarão pelos ouvidos de seus filhos e se alojarão no coração deles, é bem provável que brotarão rebeldia e raiva. É aconselhável que num momento como este, você pare, respire fundo, conte até dez, ou até trinta, e volte-se para eles com firmeza e exponha bem claro o que espera deles. Lembre-se do que já falamos sobre normas e regras. Então respire, esfrie a cabeça e dialogue! Não envenene seus filhos com palavras más, mas abençoe-os, dando-lhes os tesouros vindos do íntimo de seu coração. Fale bem deles e não mal. Cuidado com suas palavras sobre seus filhos ou sobre qualquer outra pessoa. A palavra tem poder para abençoar e amaldiçoar, não se esqueça disso.

Palavras agradáveis são como favo de mel:
doce para a alma e medicina para o corpo.
Provérbios 16:24

Na hora da raiva, é difícil falar palavras agradáveis, mas somos responsáveis por tudo o que falamos, inclusive pelo o que é falado a respeito dos filhos. Se você perde a paciência facilmente, o melhor que tem a fazer é ficar calado, pelo menos no momento, depois com a cabeça mais calma e fria, poderá conversar, dialogar com seus filhos sem gritos e xingamentos. A palavra tem poder, e se você chama seu filho de burro, idiota, tapado, assim ele será, porém se o chamar de abençoado, inteligente, bem-sucedido, assim ele será! Palavras de bênção são doces como o mel, palavras de maldição são amargas como o fel. Palavras de bênção são medicina para o corpo físico. Palavras de maldição são como veneno para a mente e corações. Uma palavra bendita tem poder para curar o físico, uma palavra maldita engessa a alma, paralisa as emoções e até mesmo traz consequências drásticas ao corpo. Certa vez, ouvi um relato de um pai que sempre questionava sua filha de 13 anos quando ela lhe pedia dinheiro para ir à escola. Ele não só reclamava como lhe dizia que se quisesse dinheiro fácil, que era melhor virar uma prostituta. Essa adolescente cresceu, virou uma linda mulher e, para a infelicidade desse pai, se tornou uma prostituta. Esse pai era autoridade espiritual na vida de sua filha, e declarou algo, e acabou se cumprindo o que foi falado. A palavra tem poder, e o poder de escolha é seu. Tenha domínio próprio, se perceber que vai maldizer seus filhos ou qualquer outra pessoa! Seja sábio e faça o que é correto: no momento de raiva, cale-se!

TESTADO PARA SER APROVADO

Alguns relacionamentos não seguem adiante porque ambos não se permitem ser testados. Passam pelo teste e são reprovados com nota zero, e o pior de tudo é que nem em recuperação conseguem ficar. Podem dizer que não levam desaforos para casa, mas em determinadas situações, temos que levar, sim, pois há um ditado que diz: "cama quente é lugar para se chorar", e isso é bíblico. Quando colocamos a cabeça no travesseiro é que podemos analisar como foi o nosso dia, como agimos e reagimos as mil situações que nos aparecem não por acaso, mas na verdade são os testes que surgem para nos desafiar rumo ao crescimento.

Os testes acontecem para que possamos ir a outro nível. O teste tem a finalidade de ver como estamos indo em determinada situação, e é uma oportunidade para que você cresça, mas, quando falamos em relacionamentos, muitos não são capazes nem de fazer a prova, pois, no teste diário, já estão reprovados. E, quando uma pessoa fica reprovada, é o fim? Creio que não, mas tudo vai depender da própria pessoa, pois muitos são reprovados e não querem de maneira alguma ser aprovados, ou seja, erram conscientemente.

Quando fazemos um teste na escola, a intenção do professor é nos avaliar para que possamos ir a outro nível ou não, e muitos no terceiro bimestre já estão reprovados; e na escola dos relacionamentos não é diferente. Paulo era uma pessoa de difícil relacionamento, ele perseguia os Cristãos, mas teve um momento em que houve uma transformação de dentro para fora. Transformação que o levou a ser "embaixador de Cristo", e até seu nome foi trocado de Saulo para Paulo. Ele passou a não ser mais aquele cruel perseguidor. Ele passou no teste e foi aprovado com nota dez. De perseguidor ele passou a ser embaixador – que mudança (radical)! Muitas pessoas não são aprovadas e vou mostrar-lhe o porquê da não aprovação.

O homem que a dor não educou será sempre uma criança.

Niccolo Tommased

Em I Coríntios 13:11, o apóstolo Paulo diz: "*Quando eu era menino, falava como menino, sentia como menino, pensava como menino, quando cheguei a ser homem, desisti das coisas de menino.*"

Quero destacar duas coisas aqui:

1. "era menino": Muitas crianças quando são feridas, cronologicamente crescem, mas nas emoções param de crescer. Podemos ver o sujeito com 40 anos agindo como se tivesse 15, mas por que será? Peço, agora, a Deus que apague todos os traumas que estão registrados em sua memória para que você cresça e apareça, para que chegue à idade adulta com maturidade, vontades, pensamentos e atitudes de adulto, e não mais de criança.

2. Note que existem quatro verbos que estão no passado, falava, sentia, pensava e desisti. O que está no passado já foi! Desapegue-

se agora do que já foi, do que já passou na sua vida e não ficou. Se determinada coisa ou situação não ficou, é porque não era para ficar, tanto que se foi. Talvez ainda insista nesse relacionamento e a consequência é que nada dá certo na área sentimental, e você acaba ficando preso a uma pessoa que não é a pessoa que Deus tem para você. Está vendo que confusão sentimental? Com essa insistência você acaba não passando no teste, e com isso vai ficando no velho. Os anos se passam, todos se casam e você continua na mesma posição de solidão e abandono. Se ontem você *falava*, *sentia*, *pensava*, agora que você já não age mais assim, com atitudes infantis, pois são como *um rio que passou na sua vida*. Já foi, e hoje você já desistiu, e quem desiste de alguma coisa é porque opta por outra e começa do zero, fazendo tudo diferente, tudo novo de novo! Opte por outra coisa, boa e nova. Não trave a batalha errada, faça e passe no teste!

Uma amiga me disse: "É fácil me engolir, o difícil é me digerir!". Mas por que é difícil digerir? Se você foi capaz de engolir, terá que digerir e, consequentemente, soltar, liberar. Se você foi capaz de se envolver em uma encrenca será e é capaz de resolvê-la. Talvez essa encrenca seja com sua esposa, marido, pastor etc. Engoliu? Faça a digestão, absorva o que for bom e lance fora o que não for para edificação.

Um casal se separa, e logo vem a pergunta: "De quem é a culpa?" Nesse momento um acusa o outro, e já vimos que essa atitude se chama ausência de responsabilidade. Não se trata mais de discutir a culpa, mas a responsabilidade, pois o fato é que algo aconteceu e trouxe consequências que agora precisam ser resolvidas. Cada um teve a sua parcela de responsabilidade não cumprida para que o fim do relacionamento chegasse. Quando se fala de culpa, fica mais difícil, pois essa palavra gera um peso e, com esse peso, vem o desgaste e a dificuldade de resolução. A culpa pode ser então substituída, pela responsabilidade. Quando entendemos que a responsabilidade é nossa, então é possível dividirmos a culpa, ou seja, o peso para pelo menos tentar entender onde foi que erramos, onde fomos omissos com essa responsabilidade. Quando falamos de divórcio, não podemos nos esquecer dos filhos. Graças a Deus meus pais são casados, mas, convivendo com amigos que têm os pais divorciados, é fácil perceber o quanto é difícil essa situação para eles. Os pais brigam entre si por interesses próprios e os filhos ficam no meio deles, entre a cruz e a espada, no meio do tiroteio, entram no caminho da Faixa de Gaza, pois a discussão dos pais se transforma em uma guerra sem fim. Quero falar agora aos pais que estão se divorciando, ou até mesmo aos pais que são casados, mas que vivem em crise: o melhor lugar para se discutir a relação é o quarto de vocês, com a porta fechada e sem gritarias, pois se gritarem, mesmo com a porta fechada, é possível ouvir e entender o que está acontecendo. Seus filhos devem somente participar do momento da separação e não da discussão. Parem de pensar só no interesse de vocês, pensem que dentro dos seus filhos existe um coração que bate acelerado quando os gritos entram por seus ouvidos. Parem de olhar somente para o umbigo de vocês e vejam que seus filhos também sofrem com toda essa situação de discussão. Resolvam entre vocês, pois pode ser que haja uma reconciliação, mas, mesmo que não haja, resolvam entre quatro paredes e sem plateia. Comuniquem aos seus filhos, então, o resultado final. E mesmo depois de separados, não usem de chantagem para comprá-los, eles não são garotos de recados. Pensão, fim de semana etc. também devem ser entre vocês e não com eles. Saiam para almoçar ou jantar juntos para que, ainda que separados, seus filhos possam sentir-se amados pelos seus pais e não só por um deles. Não estrague as emoções de seus filhos, vocês são como um espelho para eles, e o que eles presenciarem entre os pais – vocês – poderão repetir com a família deles.

Certa vez Jesus disse aos discípulos algo sobre perdão, e o recado foi assim: "*Se teu irmão pecar contra ti, repreende-o: se ele se arrepender (ou não), perdoa-lhe. Se por sete vezes no dia (ele) pecar contra ti, e sete vezes vier ter contigo dizendo: Estou arrependido, perdoa-lhe. Então disseram os apóstolos ao senhor: aumenta-nos a fé."* Lucas 17:3-5.

Podemos ver aqui a certeza de que é inevitável o perdão. Eles disseram "aumenta-nos a fé", porque é preciso ter uma dose extra para perdoar uma pessoa implacável e que insiste em errar. Porém o legado aqui é que temos que perdoar para que possamos ser perdoados. O detalhe é que quando uma pessoa erra conosco inúmeras vezes, nós temos que perdoar. Essa é a responsabilidade que cabe a nós: temos que perdoar! Mas, mesmo que o outro erre, erre, erre e erre, e você e eu perdoemos, perdoemos, perdoemos e perdoemos, ainda assim você pode se perguntar: se ele errar depois de eu tanto o ter perdoado, ainda assim eu tenho que perdoar? Sim, temos que perdoar! O perdão, além de ser uma atitude, é um mandamento bíblico. Se o outro erra, erra, erra e erra, e você perdoa, perdoa, perdoa e perdoa, e essa situação de *mesmice* está lhe fazendo mal, fique atento a um toque. Você pode perdoar essa pessoa, pois essa é uma tarefa que deve ser cumprida, assim você estará liberando-a e não mais a carregando em suas costas, e depois de ter liberado o perdão, você pode também optar pela escolha de não mais se relacionar com essa pessoa. Não é preciso não falar mais, mas quero lembrá-lo que o que você não domina, o domina. Então você pode perdoar e colocar um limite entre essa pessoa e você. E muitas vezes, dependendo de quem é a pessoa e como ela age, esse limite pode ser a ruptura desse relacionamento. Não é preciso não falar mais, pois afinal de contas, creio que você é uma pessoa educada e gentil. Então se estiver no mesmo ambiente com essa pessoa, não custa dizer um "*oi, boa tarde, tudo bem e obrigado*", isso se chama educação, mas o limite é não mais amizade e intimidade. Essa atitude vai colocar tal pessoa no lugar em que ela deve estar. É como se você dissesse a ela: até aqui você veio, fez e aconteceu, daqui para frente não entra mais! Para que você não se fira mais, o afastamento é a melhor opção para ambas as partes. Se a pessoa tiver um coração disposto a mudanças, por sua atitude irá refletir, se posicionar e mudar; se não, pelo menos vai saber que com você ela não pode mais! Pode ser que essa pessoa tenha as mesmas atitudes com outra pessoa que der liberdade para que faça isso. E você, com certeza, não têm nada a ver com isso!

Passe a olhar o outro com os olhos do amor. Comece a questionar o porquê de tal pessoa agir da maneira que age. Lembre-se do princípio de que "*ninguém pode dar o que não tem...*". É bem por aí! Olhe, analise, ore e perdoe.

Você irá crescer com isso, pois o maior beneficiado em primeiro lugar sempre será você! Não seja bobo, mas aprenda a dar a outra face assim como Jesus deu, perdoe para que um dia você obtenha a graça de receber também o perdão!

Lembre-se: *quando você perdoa, o maior beneficiado sempre será você!*

Sabe por que seu marido, ou sua esposa, enfim, a pessoa com quem você se relaciona não muda? Porque você ainda não mudou! Quando você sair da zona de conforto, da posição de acusador e optar por mudar seus atos errados, certamente os que estão ao seu lado vão notar em você uma maturidade nunca vista antes, uma mudança extraordinária, a ponto de se sentirem envergonhados com suas próprias atitudes, e certamente essas pessoas irão mudar! Saia da zona de conforto e mude. Seja e faça a diferença. *Mude e dê-se ao luxo de ser feliz*! Com certeza você vai obter sucesso total em seus relacionamentos.

Você sabia que uma pessoa adulta pode ser uma criança nas suas emoções? Isso acontece quando uma criança é ferida: ela cresce na idade cronológica, contudo, nas emoções, ela paralisa! Já falamos sobre isso, e uma grande prova disso são pais que falam a seus filhos "homens" a simples frase: "*Homem não chora*!" Podemos ver hoje em dia tantos homens insensíveis, que não têm amor nem a eles mesmos, quanto mais ao próximo. E o resultado disso são tantos idosos abandonados nos asilos, tantas crianças que são violentadas sexualmente, mulheres que são espancadas pelos seus maridos, filhos que choram por carinho de um pai presente, mas ausente etc. Muitos homens que agridem fisicamente suas esposas, um dia presenciaram seus pais agredindo suas mães. Filhos que presenciam cenas de sexo entre os pais acabam se tornando pedófilos ou ninfomaníacos. Pode parecer bobagem, mas cenas como essas, ou até mesmo frases desagradáveis, ficam armazenas e registradas no subconsciente e em determinado momento elas começam a se repetir mesmo que o indivíduo não se agrade em cometer tal prática. Por isso oro para que Deus renove a sua mente (Romanos 12) apagando toda lembrança que não edifica. E que o Senhor traga na sua memória, "*somente o que pode lhe trazer esperança*" (Lamentações 3:21). Esperança de um futuro melhor, de relacionamentos novos, saudáveis e restaurados. Receba uma renovação na sua mente assim como um computador pode suportar ser formatado, ficando novo e pronto para ser usado.

ESTÚPIDO CUPIDO

O processo natural de um relacionamento Cristão, ou não, é a amizade, namoro, noivado, casamento. A palavra namoro vem do Latim "fale lamore", que quer dizer "relação sexual". Caretice ou não, particularmente não gosto desse termo. Ao invés do termo "namoro", eu prefiro compromisso. Então vamos voltar à regrinha anterior: o processo natural de um relacionamento Cristão, ou não, é a amizade, compromisso, noivado e casamento, e o sexo depois dele, é claro. O casal firma um compromisso e inicia-se então um relacionamento; a segunda etapa é o noivado que já é a preparação para o casamento até que o mesmo se materialize. Certamente os dois estarão sempre compromissados um com o outro – amém!

Mas há um ser que acaba se infiltrando entre o casal antes do ato do compromisso, e ele se chama cupido. Muitas pessoas fazem o papel do cupido. O cupido é um anjinho querubim, aparentemente *indefeso*, que tem a função de ser o mediador, de unir as pessoas a fim de ambas começarem uma relação. Muitos amigos que estão querendo iniciar um compromisso se prestam a esse papel, assim como eu já me prestei, mas hoje em dia, não me permito mais agir assim.

Muitas vezes, quando se percebe que duas pessoas combinam, logo vem a ideia de uni-las. A intenção muitas vezes é boa, porém certas atitudes são horríveis. O instrumento de trabalho do indefeso anjinho é uma flecha, e diz a história que quando uma pessoa tem muito a ver com a outra, o indefeso anjinho cupido lança a flecha e um fica apaixonado pelo outro, e assim começam o namoro, ou seja, o compromisso.

Existe uma música popular brasileira em homenagem a ele que diz: "Oh cupido, para longe de mim!". O nome dessa música é *Estúpido Cupido*[6]. Veja que se o cupido fosse bom, Celly Campello, a intérprete da música, não ia querer o cupido longe dela, mas perto, tampouco o chamaria de estúpido! Então podemos chegar à conclusão de que existe alguma coisa nessa situação. Vou descrever em outras palavras a declaração da moça apaixonada em relação ao anjinho cupido: ela diz "para ele [o cupido] deixá-la em paz, pois seu coração já não aguenta mais [a situação], [pois] ela se apaixonou por um rapaz belo que a prometeu amor e felicidade, e chegou o fim, oh cupido pra longe de mim [ela diz], o seu coração [o dela] está cansado de chorar, pois a flecha do amor [feriu] e só trouxe *angústia e dor*". Meu Deus, quanto sofrimento por conta de uma simples flechada!

Vamos analisar os fatos: ela diz que "*se apaixonou por um belo rapaz que lhe prometeu amor e felicidade*", certamente, esse rapaz não cumpriu com sua palavra e a deixou a ver navios, por isso ela canta dessa maneira, num tom de fossa, revolta e indignação para com esse estúpido cupido, pois a estratégia dele não funcionou e podemos ver que a flecha falhou.

Amor é diferente de paixão, não tenha dúvidas sobre isso. O amor é para sempre, a paixão é passageira; o amor suporta as barreiras e espera o momento; a paixão não tolera e ultrapassa os limites; o amor lhe faz bem, rejuvenesce o seu físico e interior, e é

6. *Estúpido Cupido*. Composição de Greenfield / Neil Sedaka. Versão de Fred Jorge. Interpretação de Celly Campello.

capaz de fazê-lo sonhar; a paixão é avassaladora, domina seu ser para que você domine o outro e depois disso surgem vários problemas, inclusive uma gravidez indesejada etc.

Essa moça da música se apaixonou e se encantou pelo rapaz, um típico *Don Juan*, que a deixou a ver navios. Por que será que muitas pessoas fazem isso umas com as outras? Acabam brincando com os sentimentos dos outros, isso é muito triste e doloroso. Esse *lover boy* a fez acreditar que dias melhores viriam, que ele seria seu príncipe encantado e que juntos viveriam felizes para sempre, mas essa não era a sua intenção. Na verdade ele a *defraudou*, e ela inconscientemente se ligou a ele emocionalmente, como um feto está ligado à mãe através de um cordão umbilical. Rapidamente ela criou uma expectativa, uma dependência emocional e não foi correspondida.

O que falei sobre o cordão umbilical é algo sério; parece, brincadeira, mas não é! Por que será que existe essa *dependência emocional*? Em seu livro *Defraudação Emocional*, a Pra. Sarah Sheeva fala sobre o ato de defraudar. Defraudar é o mesmo que você se envolver com uma pessoa, mas na verdade você não quer nada, nenhum tipo de compromisso com ela, mas a faz acreditar que realmente está interessado. Você tira proveito dela e quando chega o momento oportuno, retira o time de campo. Quando isso acontece, inicia-se uma dependência do defraudado para com o defraudador. O defraudado acaba por fazer tudo o que o defraudador quer que ele faça, tirando o proveito necessário do defraudado, fica com ele pelos seus interesses próprios, e, quando consegue tudo o que quer, *bye bye* – chegou a hora de partir! Quem sofre é o defraudado que acaba por entrar em uma [ou mais uma] desilusão, podendo ficar num quadro de depressão e solidão.

Cria-se também uma dependência entre familiares e amigos. Mas, por que um fica dependente do outro? Carência é a resposta certa! Pessoas carentes são verdadeiras sanguessugas, grudam em você e não o largam mais, o sufocam, é como que sugassem a sua energia. Acabam se tornando um grude, e é muito chato conviver com alguém assim (Provérbios 30).

No caso da defraudação, creio que o que defrauda, no fundo, no fundo, também sofre. Uma grande e forte carência dentro dele faz com que aja assim. Podemos acreditar na hipótese de que o que defrauda, um dia também foi defraudado, e para aliviar a sua dor, se permite ter que fazer com outras pessoas o mesmo que fizeram com ele um dia, pois afinal de contas em sua cabeça, pensa que é totalmente injusto ter que sofrer isso sozinho. Grande ilusão, olha aí o ciclo vicioso!

Se você já foi defraudado, ou se já foi um defraudador, procure algum tipo de ajuda. Como na primeira opção, pare de sofrer e veja que você tem valor, espere em Deus, pois a pessoa certa para estar ao seu lado vai chegar: não se afobe e espere, pois quem espera sempre alcança! Na segunda opção, pare de achar que suas ações não têm reações, pois tudo o que você fizer com o outro voltará na mesma medida. Isso é muito sério, tome jeito e pare de brincar com os sentimentos dos outros. Cure-se para que você possa se relacionar de uma maneira sadia. Certamente, um dia, você encontrará alguém disposto a fazer igual ou pior com você. O processo natural da vida é ação e reação. Pense nisso!

E outra coisa que preciso dizer: tome muito cuidado com a autodefraudação. Sabe aquela história de amor platônico, no qual de repente o sujeito se apaixona por um alguém, e esse alguém nunca poderá imaginar que você o ama? Essa atitude se chama autodefraudação, na qual você mesmo se defrauda, ou seja, se engana! Não se iluda, vivendo um amor que nunca será correspondido; acorda!

AMIGOS MAIS CHEGADOS QUE IRMÃOS

Salomão foi um homem sábio, e no livro de Provérbios consta a seguinte declaração: *"Em todo tempo ama o amigo, e na angústia nasce o irmão"* (Provérbios 17:17).

Olha que coisa profunda: se verdadeiramente amarmos um amigo, no dia da angústia (dias difíceis), esse amigo se torna para nós como ou mais que um irmão. Na versão VIVA, lemos o mesmo versículo da seguinte maneira:

"*O amigo* [verdadeiro] *é sempre leal, mas, na hora da dificuldade, ele se torna mais que um amigo; ele passa a ser nosso irmão*" e em Provérbios 18:24 temos "quem tem muitas amizades sempre tem falsos amigos. No entanto, há amigos que acabam sendo mais fiéis que um irmão". Fico emocionado em ler esses versículos. Há anos recebi uma carta da minha amiga Olivia Storino, na qual ela me escreveu esse versículo de Provérbios 17, e, quando assinou, ela escreveu "[...] de sua amiguíssima Olivia". Eu tenho essa carta até hoje e não tenho coragem de jogá-la fora. Quando pesquisei sobre esse versículo, pude ver o quanto ele era verdadeiro em minha vida, pois assim como a Olivia, tenho outros amigos e amigas – e todos moram no meu coração e sou eternamente grato a eles. Os mesmos têm uma participação especial em minha vida, um significado especial para mim. Eu não tenho irmãos, como já disse, sou filho único e adotado. O fato da adoção não faz diferença na minha vida, eu e minha família nos relacionamos de uma maneira fantástica e nem nos lembramos disso, e Deus foi tão bom comigo que me doou, me presenteou com uma família maravilhosa e, certamente, Ele me presenteou com amigos que me são mais chegados que irmãos.

Agradeço a todos vocês que se relacionam comigo, que me aceitam e me amam com meus defeitos e qualidades, vocês são os irmãos que eu não tive, pois somos irmãos em Cristo, e sempre os amarei e os levarei comigo, pois estão gravados no meu coração.

Obrigado!

AMIZADE OU LIBERDADE?

Certamente bons amigos têm liberdade uns para com os outros. Mas o que falar daquela pessoa entrona que logo, logo se sente íntima e a partir daí passa para o abuso? Uma coisa é uma coisa, e outra coisa é outra coisa. Amizade nem sempre é liberdade, e com determinadas pessoas é bom e saudável que se tenha um limite, pois a falta dele pode pôr fim a uma amizade. É esse limite que vai ditar as regras e colocar cada um no seu quadrado. Já errei muito em sempre permitir que as pessoas entrassem na minha vida. O fato não é só entrar, mas muitas pessoas entraram, se fizeram de amigas, usaram, abusaram e tchau! Lembra o que Salomão disse sobre quem tem muitos amigos, tem também amigos que são falsos?! Esses saíram sem dar tchau, e eu sofri, vivendo aqueles momentos de decepção. Não entre nesse erro em achar que todos são bonzinhos, perfeitos e que são seus amigos, pois isso é bíblico, você acabou de ler que quem tem muitos amigos, acaba descobrindo que parte deles é falsa, e só entraram na sua vida por algum tipo de interesse, seja ele qual for. Então esses se revelam não serem amigos.

A pessoa abusada entra sem pedir licença. Existe um poder de domínio nela, a ponto de você só perceber quando já está dentro ou quando a mesma está de partida. Diante de certas decepções, é comum passar por nossa cabeça a opção de não querer mais nos relacionar, não mais querer ter ou sermos amigos. Mas essa não é a melhor opção, pois não é saudável que uma pessoa viva sem se relacionar, é preciso que você fique atento às pessoas que estão ao seu redor. Pode ser que você esteja valorizando o amigo que na verdade é seu inimigo, e o que é amigo de verdade você deixe lá no cantinho. Se você reconhece que é assim, ou se age dessa maneira em determinadas situações, faça uma análise sobre você mesmo para que possa mudar totalmente o seu foco. Não acabe fazendo com o outro o que não gosta que façam com você. Mude para que seja bem-visto, bem-falado e aceito por todos: isso é muito bom! Mas lembre-se que nunca agradará a todos!

Certamente é saudável ter limites. Se você estabelece limites como "até aqui você vem, daqui em diante não pode, pois é proibido ultrapassar", acaba evitando dessa pessoa entrona dar pitacos, pois com o limite fica evidente que ali ela não tem vez. Parece coisa de criança, mas não é, se todos agissem dessa maneira, os resultados nos relacionamentos seriam mais agradáveis, mais saudáveis, mais satisfatórios. Não permita a ninguém usar e abusar de você. Como já passei por isso, posso dizer com todas as letras que o resultado não é bom, nem saudável, nem satisfatório, muito pelo contrário, a sensação de insatisfação é grande e parece nem ter fim. Você se sente um lixo, um nada, um ninguém. Mas como não temos acesso ao fim, (*só Deus tem*) imponha limites em suas amizades para que os resultados sejam satisfatórios, e você não sofra, e também não faça o outro sofrer. Se você estabelecer limites, logo, logo o falso amigo cairá fora, pois verá que com você, ele realmente não tem vez!

Existem vários tipos de pessoas, e com cada uma você tem que lidar de uma maneira diferente, feliz ou infelizmente, pois cada um é único. Dizem que colegas são muitos, já os amigos são poucos, e esses poucos se contam na palma da mão. Cuidado! Assim como eu, você pode conhecer muitas pessoas, mas nem todas são suas amigas, e aí mora o perigo, pois certamente essas pessoas vão errar, e você terá que ser maduro o suficiente para contornar a situação. Quero lhe dizer que se você se encantar com tal pessoa e logo vier o desencanto, seja maduro o suficiente em deixar a pessoa partir, pois de cara ela mostrou que não é para estar no seu ciclo de amizades, é bom que vá logo, e vá com Deus. Ore, peça a Deus para selecionar aqueles que são para estar com você. Mas ao olho natural, você também pode e deve fazer essa seleção. Desejo-lhe boa sorte, Deus o abençoe nas suas amizades.

Dizem que quem tem um amigo tem um tesouro, então eu te aconselho a cuidar bem desses raros, maravilhosos e especiais amigos. Mais um vez: Boa Sorte!

PREPARE-SE PARA ELE!

Mas devemos nos preparar para quê? Para o confronto, pois ele não pode ficar de fora em nenhum tipo de relacionamento. Jesus é o nosso modelo, e Ele não rejeitou ninguém, muito pelo contrário, pois Ele disse: "*Vinde a mim todos*" (Mateus 11:28). Por isso, aceite as pessoas como elas são, e isso não é sinônimo de que tenha que conviver com elas do jeito que são; mas, se for preciso, confronte-as. Se aceitarem o confronto, vão analisar sobre o que você falou e poderão mudar a história de suas vidas. Porém, se não aceitarem e nem mudarem, libere-as. Ainda que doa, ainda que você sofra, libere-as. Se elas tiverem que voltar, certamente voltarão, mas se não, não insista, apenas libere-as! Pois quando uma pessoa não ouve o conselho de um amigo, infelizmente, a escola da vida ensina! E essa escola por muitas vezes é bem cruel, cuidado!

Não se desfaça de ninguém, isso é muito feio e torna-se um tipo de descriminação. Mas se a pessoa se revelar ser implacável e não aceitar o confronto, ela mesmo estará lhe mostrando de que não é digna de andar com você! Lembra de Amós 3:3? Se não, vou lhe fazer lembrar, "*Andarão dois juntos, se não houver entre eles* (um comum) *acordo?*". É triste dizer, mas não há como duas pessoas com pensamentos totalmente diferentes andarem juntas. Podem até andar, mas se desentenderão todo o tempo, tornando a amizade chata, maçante, desgastante. Vimos anteriormente o que aconteceu com Abraão e Ló, eles estavam juntos, mas seus pensamentos, sonhos, metas e ideais não estavam alinhados, e aconteceu tudo o que aconteceu para terem que se separar. E se seus pensamentos, sonhos, metas e ideais não estiverem alinhados com os pensamentos sonhos, metas e ideais do seu cônjuge, amigos, pais, pastor, ovelha, vizinho etc.? E agora, o que fazer, chamar o *Chapolin Colorado*? Certamente não! Prepare-se, encare (*a situação, o problema, as pessoas*) e resolva. Se tal não aceitar o confronto: a paga já não é mais sua!

E quando nós mesmos temos que mudar? Aí está o xis da questão. Muitas vezes, não aceitamos o confronto e as outras pessoas acabam se afastando de nós. Acho que coloquei o dedo na ferida de alguém, e agora? Você vai analisar isso, ou vai me descartar e não mudar? Eu tinha um problema gravíssimo. Quando conhecia uma determinada pessoa, eu agia como uma verdadeira sanguessuga. Ih! Estou me expondo... Eu ligava e, se a pessoa não me atendia, simplesmente eu insistia várias vezes, e sufocava a pessoa querendo estar junto 24 horas por dia, até que um belo dia a pessoa se cansava, me descartava e eu chorava. Eu sofria e não sabia que aquela não era uma atitude saudável. Como eu gostava de manipular e controlar as pessoas, me colocava em uma posição de super-herói, aquele que resolve todo e qualquer tipo de problema. Porém os meus problemas... prefiro não comentar! Ah, que erro! Erro esse que fez com que várias e várias pessoas se afastassem de mim. Tive que quebrar muito a cara para aprender que essa não era a postura correta em relação às amizades!

Cuide bem das pessoas que se relacionam com você, mas lembre-se que o cuidado em excesso também não é saudável. Os problemas emocionais nos impedem de nos relacionarmos de forma sadia. Um coração enfermo afeta nossa maneira de pensar, sentir, agir e reagir. Agimos e reagimos, pensamos e sentimos da maneira errada, ou seja, doentia. Não permita que suas emoções o transformem em uma pessoa deformada, impossibilitada de entrar em novos relacionamentos. Casamentos se acabam, pois existem mulheres que, antes do casamento, eram doces e amáveis até que se transformaram em pimentas malaguetas, perdendo a sensibilidade, a delicadeza, a beleza interior de uma dama. Os homens não ficam de fora, eles que antes se portavam como príncipes encantados, se tornam carrascos, duros na queda, insensíveis, não aproveitam em nada e nem valorizam a esposa e a família, e como consequência tanto o homem como a mulher acabam por não aproveitarem o melhor da vida, ou seja, a família!

As amizades começam com certa intensidade, no meio do caminho, as máscaras caem e fica evidente o fim de uma amizade que um dia foi considerada para sempre. Não posso deixar de falar naquele lindo casal que vive por anos compromissado, mas quando casam logo se separa. Por que será que isso acontece? Gostaria de saber? Pessoas feridas que não foram tratadas ferem e afastam outras pessoas de sua presença. Para tudo há um jeito, mas é preciso mudar para que esse jeito ajuste a situação. É preciso você querer mudar em primeiro lugar, antes de querer mudar os outros!

Bem aventurados (felizes) *os que choram, porque serão consolados.*
Mateus 5:4

Na cultura judaica, quando uma pessoa morre , o recomendado para o amigo ou parente que está sofrendo o luto é que chore, pois, através do choro, todo o sentimento de tristeza está saindo de seu interior, ou seja, o choro lava a alma por isso é importante. Chore, coloque tudo o que você está sentindo para fora. É preciso desabafar para que fique livre de determinado peso. Depois do choro, e do desabafo, procure a pessoa que o feriu, pois é possível, sim, uma reconciliação, e eu creio nisso! Se o seu coração está ferido, como fazer para curá-lo? Imagine um relacionamento onde não existe o toque?! É totalmente sem graça, é um tédio! Mas se o seu coração está ferido e machucado, é preciso que você permita que Deus o toque.

Deus precisa tocar na ferida para que fique curada, cicatrizada e fechada. Deus espremerá a ferida do seu coração, da sua alma, para que saia o pus, e então você entrará no processo da cura. Cura que vai prepará-lo para novos níveis de relacionamentos com os outros, com Ele e, principalmente, com você mesmo. É saudável conversar, se relacionar com você mesmo. Olhe-se no espelho, olhe para dentro de você, já que os olhos são as janelas da alma. Converse com você, diga para si os seus defeitos, e diga também suas qualidades. Deus é tão bom que Ele sara as tuas feridas sem deixar sequelas. Você apenas se lembrará de tudo o que aconteceu, não de uma forma traumática, mas como uma grande experiência de vida, pois só acerta quem erra, e só tem história (*experiência*) para contar aqueles que vivem a vida. E quando nos permitimos viver, certamente erraremos e acertaremos também!

Melhor é serem dois do que um, porque tem melhor paga do seu trabalho. Porque se caírem, um levanta o companheiro; ai, porém, do que estiver só; pois caindo, não haverá quem o levante. Também, se dois dormirem juntos, eles se esquentarão; mas um só como se esquentará? Se alguém quiser prevalecer contra um, os dois lhe resistirão; o cordão de três dobras não se rebenta com facilidade. Eclesiastes 4:9-10

E citando, o mesmo versículo na versão VIVA:

Duas pessoas juntas podem lucrar muito mais do que uma sozinha, [precisamos nos relacionar, pois sozinhos não temos lucros na vida em todos os sentidos], *porque o seu trabalho vai render mais. Se uma delas cair, a outra a ajuda a levantar-se; mas o homem sozinho,quando cai, está em má situação. E quando a noite está fria, duas pessoas usando o mesmo cobertor esquentam uma a outra. Mas, uma pessoa sozinha, como vai se esquentar? Uma pessoa sozinha corre o risco de ser atacada, mas duas pessoas juntas podem se defender melhor. E se forem três, melhor ainda; a corda trançada com três fios não arrebenta facilmente.* Eclesiastes 4:9-12

Aqui fica evidente que não podemos e nem devemos estar sós. Já vimos que não temos outra saída, temos que nos relacionar com outras pessoas, independente das diferenças. Nessa passagem, Salomão diz em poucas palavras que precisamos uns dos outros e isso é um relacionamento. O cordão de três dobras ou a corda trançada representa: Deus (O Pai Criador), Jesus (O Filho) e o Espírito Santo (O Consolador), são três, mas um ao mesmo tempo. É o mesmo dizer que ambos trabalham em equipe, e é assim que temos que ser. Temos que andar juntos, uns com os outros apesar das diferenças. Devemos andar em equipe, onde cada um deve fazer a sua parte, para que todos se entendam, e mesmo que se desentendam, com maturidade fica fácil resolver o mal-entendido. Indiferenças surgirão, mas lembre-se: isso é inevitável que aconteça, seja em qualquer tipo de relacionamento, mas com uma boa conversa franca, um diálogo aberto, tudo se resolve, e isso significa que *relacionamento é um confronto, por isso prepare-se para ele!* Good Luck!

Ah, esqueci de falar uma coisa, Exupéry disse que "*aqueles que passam por nós, não vão sós, não nos deixam sós; deixam um pouco de si, [e] levam um pouco de nós*". Está preparado? Isso é relacionamento.

REFERÊNCIAS

A BÍBLIA ANOTADA. The Ryrie Study Bible/Texto Bíblico: Versão Almeida, Revista e Atualizada, com introdução, esboço, referências laterais e notas por Charles Caldwell Ryrie; tradução de Carlos Oswaldo Cardoso Pinto. São Paulo: Ed. Mundo Cristão, 1994.

A BÍBLIA VIVA. (Vários Autores). 2. ed. São Paulo: Ed. Mundo Cristão, 2002.

COELHO, Valnice M. *Personalidades Restauradas*. São Paulo: Palavra da Fé, 2003.

GOMES, Sarah Sheeva C. Defraudação Emocional – *Segundo os Princípios Bíblicos*. São Paulo: Ed. Naós, 2007.

GREENWALT, Gary L. *Desmascarando as Seduções* – A Dinâmica Espiritual dos Relacionamentos. Bahia: Ed. Atos, 2004.

ROSNER, Stanley; **HERMES**, Patrícia. *O Ciclo da Auto Sabotagem* – Porque repetimos atitudes que destroem relacionamentos e nos fazem sofrer. Rio de Janeiro: Ed. Best Seller, 2006.

SILVA, Nayra P. *A Cura dos Feridos* – Cura Interior no Mover do Espírito Santo. Distrito Federal: Ed. Koinonia, 1999.

VIEIRA, Regina. *A mochila que pesava demais*. São Paulo: Ed. do Brasil, 2009.

Porto de Idéias
EDITORA

www.portodeideias.com.br